小 J 老师聊赛车 1

卡丁车篇

著 姚启明 郭晓甫

绘 肖玮珊

上海科学技术出版社

图书在版编目（CIP）数据

小J老师聊赛车. ①，卡丁车篇 / 姚启明，郭晓雨著；肖玮珊绘. -- 上海 : 上海科学技术出版社，2025. 5.
ISBN 978-7-5478-7128-7

Ⅰ. G872.1-49

中国国家版本馆CIP数据核字第2025P7K049号

小 J 老师聊赛车①卡丁车篇
姚启明　郭晓雨　著
肖玮珊　绘

上海世纪出版（集团）有限公司
上海科学技术出版社　出版、发行
（上海市闵行区号景路159弄A座9F-10F）
邮政编码 201101　　www.sstp.cn
上海展强印刷有限公司印刷
开本 890×1240　1/32　印张 6.5
字数 80 千字
2025 年 5 月第 1 版　2025 年 5 月第 1 次印刷
ISBN 978-7-5478-7128-7/G·1357
定价：68.00 元

本书如有缺页、错装或坏损等严重质量问题，请向工厂联系调换电话：021-66366565

序

亲爱的卡丁车爱好者们：

喜欢赛车的你，可能对我的名字并不陌生。作为一名从上海弄堂里跑出来的赛车手，我一路见证了中国赛车文化发展壮大，也有幸深度参与这份珍贵的荣耀。从卡丁车、房车再到F1，直到自己真正站上世界舞台高手林立的顶尖赛道时，我才深切体会到：中国车手要走向世界，必须先补上卡丁车这堂必修课。

卡丁车被誉为"F1车手的摇篮"，它轻巧，灵活，富有操控性和速度感，是培养专业车手不可替代的实践工具。如今，几乎所有的世界顶级车手都是从学习卡丁车开始进入职业生涯发展道路的。卡丁车对于我们而言既是基础，也是情怀。

自F1进入中国以来，中国赛车文化的繁荣是国力腾飞的缩影，也是体育产业升级的见证。但真正的赛车精神传承、文化沉淀，需要更多孩子能在周末的卡丁车场里，找到属于自己的速度与激情。

《小J老师聊赛车：①卡丁车篇》是一部优秀的卡丁车科普作品。它用活泼灵动的人物对话，引导读者们走进卡丁车运动的世界。科技和文化、历史与未来碰撞出火花。漫画形式让知识变得生动而直观。读过这本书，再驶上赛道时，你的所思所悟一定大有不同。

"小J老师"本人姚启明教授,是与我相熟多年的一位学者,她以惊人的博学、睿智与创造力为赛道设计领域注入科学基因,更以学者的情怀与高度的责任感,为车手的生命安全保驾护航。在媒体镜头下,她是"中国赛道设计第一人",我是"首位进入F1大奖赛的中国车手",我们都对这样的场景并不陌生:由西方发达国家主导的汽车运动舞台上,黄色面孔的我们用信念支撑着,在质疑和审视的目光中,艰难地向前迈出一步又一步。

今天我们该怎样培育本土的赛车运动呢?我想无外乎这几点:通过科学训练体系,让卡丁车场成为专业车手的磨刀石;借助赛事平台搭建,使更多中国面孔站上国际领奖台。这需要顶层设计者的远见抉择,需要一线教育者的春风化雨,需要政府扶持、企业投入、学界研究的三方联动,更需要像"小J老师"这样的从业者,以匠心守护初心,二十年如一日不遗余力地孤独前行,毅然坚守。

就是现在,带上这本书,去开卡丁车吧!

职业赛车手 马青骅
2025年春于上海

前言

亲爱的读者朋友们：

当你翻开这本书时，一场跨越速度、科技与文化的奇妙旅程已经悄悄开启。我是姚启明，是你们的"小J老师"，也是即将陪伴你们探索卡丁车世界的向导。此刻，我满怀期待，想与你们分享这本书诞生的故事，以及它背后承载的热忱与使命。

首先，为什么是卡丁车？

如果说汽车是现代文明的结晶，卡丁车则是打开汽车运动世界的一把钥匙。

它诞生于"草根赛车"的奇思妙想，却成为F1（世界一级方程式锦标赛）冠军的摇篮；它看似简单小巧，却凝聚着空气动力学、机械工程与运动科学的智慧；它既是童年的玩伴，也是比赛中的主角；是科技课中的教具，也是无数人挑战速度、追逐梦想的起点。

卡丁车的魅力，在于它用极简的躯壳承载了极致的体验——无需复杂的操作技巧便能感受风驰电掣，无需高昂的成本投入即可体验竞技的酣畅。从儿童到成人，从竞技场到游乐场，它跨越年龄与场景的界限，让尚未接触方向盘的少年也能安全地触摸速度的边界，让资深玩家在每一次过弯中突破自我的极限。

在汽车保有量突破4亿辆的中国，汽车文化正在蓬勃生长，但关于汽车运动的系统性科普仍是一片亟待开垦的土壤；全球卡丁车热潮如火如荼，但国内爱好者常常因缺乏权威、系统的知识而被迫止步于"体验"层面。赛道内外的技术原理、文化脉络、安全逻辑，往往作为零散的知识碎片，难以被人们认识和理解。我们希望通过图文并茂的图书，让更多人明白：赛车不只是轰鸣的引擎与飞驰的轮胎，更是科学、艺术与勇气的奏鸣曲。

从赛道到书页，我们是怎样跨界对话的？

作为中国唯一获得国际汽车联合会（FIA）官方许可的赛道设计师，我深耕汽车运动领域二十余载，见证过赛场上惊心动魄的瞬间，也参与过技术革新的每一次突破。但最令我动容的，始终是孩子们第一次坐上卡丁车时眼中的光芒——那是对速度的好奇，对科学的痴迷，对未知的渴望。

然而，当越来越多的玩家投身卡丁车运动时，我们却发现：

知识的断层正成为热爱延续的阻碍。市场上虽有专业车手的工具书，却鲜少能为普通爱好者提供一条从"兴趣"通向"深度参与"的路径；虽有零散的普及信息，却缺乏权威，难成体系，甚至存在误导的风险。知识的缺失往往导向安全的漏洞，本可以避免的意外，不应该成为梦想的终点。

于是，我们决定将专业领域的科研成果、国际前沿的技术洞察，以及跨越国界的知识积累，去芜存菁，深入浅出，转化为青少年能读懂的故事与画面。科学不必高冷，文化无须晦涩，在这本书里，F1车手的成长经历、赛道的几何密码、DIY（自己动手）卡丁车的制作乐趣，都将以漫画、对话与案例的形式，与你轻松相遇。

卡丁车，但不止于卡丁车……

本书以"五大核心要素"（车辆、车手、规则、赛道、安全）为骨架，以"八大篇章"为脉络，带你全方位走进卡丁车的世界。在这里，你将看到传奇车手、赛道设计师、安全专家纷纷走进书页，用真实经历告诉你：赛车不只是竞技，更是一门关于专注、协作与突破的人生课程。

从"玩"到"学"，实现无缝衔接——用诙谐的原创动漫角色串联知识，让零基础读者也能读懂底盘调校的奥秘、轮胎抓地力的科学。

从"小白"到"达人"，成长肉眼可见——无论是组装一辆卡丁车的工程实践，还是破解赛道弯道的决胜策略，既有入门指南，也有进阶提示。

从"竞技"到"文化"，展开全局视角——揭秘电影中的卡丁车彩蛋，剖析游戏赛道与现实物理的关联，让速度的魅力穿透赛场，融入生活。

科学问题是科学研究的原生动力。只有通过不断的提问和探索，人们才能更好地理解这个世界，融入这个世界，共同推动社会的进步。尤其在人工智能的未来时代，提问的重要性更是被提升到了全新的高度。因此，我们为本书设计了问答的形式，希望带领，同时也陪伴青少年朋友一起走进发现问题、思考问题、解决问题的科学世界。

本书的诞生，离不开国际汽车联合会、中国汽车摩托车运动联合会，以及著名车手、教练员、赛事官员等汽车运动从业者们的支持。写书的过程并不是一帆风顺的，几乎每天都在经历压力、困惑和迷茫，但幸运的是，我有一支青春洋溢、朝气蓬勃的团队，上海科学技术出版社的编辑老师们在紧张的出版流程中以专业的角度，给予我们鼎力支持。是大家共同的努力，让智慧的"小J老师""小甲同学"等最终通过书页与你相见。

最后,我想对年轻的你说:

也许今天的你只是书桌前的读者,但谁能断言,明天的你不会成为冠军车手、著名汽车设计师、资深技师、金牌教练、高级裁判,或是用科技重新定义速度的大工程师呢?希望这本书成为一粒种子,在你心中埋下探索的勇气、科学的思维与文化的期许。更愿每一位读者,无论年龄与身份,都能在卡丁车的世界里找到属于自己的速度、自由与成长。

系好安全带,准备出发吧!下一站,未来卡丁车的世界见!

小J老师:姚启明

2025 年春
同济·汽车运动与安全研究中心

人物简介

小J老师

赛道上的智慧女神

她不仅是世界知名的赛道设计师，更是身为大学教授的教育家、汽车前沿的科学家，她像魔法师一样，为孩子们一一打开赛车文化的秘密地图。卡丁车是小J老师最喜欢的课程主题之一。在小J老师的课堂上，卡丁车不是冷冰冰的机器，而是承载了科技与文化的成长伙伴。

12 岁的卡丁车（游戏）狂热者

小甲

他对卡丁车的热爱就像对冰淇淋的渴望一样，永远无法满足。小甲的眼睛里总是闪烁着对速度的向往，他的房间里堆满了赛车模型和游戏，每当屏幕亮起，他就仿佛置身于赛道之上，与疾风竞速。在小 J 老师的指导下，小甲开始对卡丁车背后的科学深深着迷，正在经历从卡丁车游戏玩家到科技爱好者的华丽蜕变。

热爱思考的 11 岁小"侦探"

小乙

他对身边世界的每一个细节都充满好奇，卡丁车是他最近感兴趣的领域，从历史的细节到机器的原理，他都想要打破砂锅问到底。小乙精灵古怪的问题就像一把钥匙，不经意间打开卡丁车秘密的大门。

热爱文艺的
"百事通"

小丙

她对卡丁车的热爱不只在于速度和激情,更在于它们背后的历史文化。小丙细心大胆,善于观察,还能将她掌握的小知识融会贯通。在她看来,卡丁车是连接过去与未来的桥梁。

卡丁车界的
摇滚明星

小甲表哥

他就像一道闪电划过赛道,带着不羁的风范和对速度的执着。虽然有时候他的冒险精神会让他陷入一些小麻烦,但他对卡丁车的热爱却足以给人留下深刻印象。

前情提要

（电影开拍！）

一个春日的午后，学校的科技节正在如火如荼地举办。

初中生小甲正沉浸在卡丁车模拟器游戏中，眼神专注。

"小甲，你在做什么？"同学小乙和小丙好奇地凑上来。

小甲："你们也快来试试这个游戏，能选车辆，还能调整参数，像真实的比赛一样。"

小乙："游戏里的卡丁车设计得合理吗？它的物理引擎是怎么模拟真实参数的？还有这个赛道，真实的卡丁车场是这样的吗？"

小甲："……那你可问住我了，一台小小的卡丁车，也能被你问出这么多问题？"

小丙："想不到吧，卡丁车已经有70多年历史了，它背后的科学知识可多着呢。"

小甲表哥酷跩的身影闪现在同学们身后："嘿！这么喜欢卡丁车，跟我去赛道上跑一圈？"三位初中生顿时向他投来期待的目光。

一个温柔的声音响起，扎着马尾的小J老师微笑着看向大家："如果你们真的对卡丁车感兴趣，我可以为你们提供一些'知识加油包'哦。"

小甲、小乙、小丙、小甲表哥（全体起立，异口同声）："小J老师好！"

小J老师："同学们好！那么，我们就从卡丁车的诞生说起吧——"

第 1 话

从车库到赛道：卡丁车的传奇诞生

1

第 2 话

卡丁车：流行文化中的竞速魅力

21

第 3 话

动手打造梦想座驾：DIY 卡丁车全攻略

45

第 4 话

历史的车轮：早期卡丁车比赛的探索之旅

65

第 5 话

观赛秘籍：解锁卡丁车比赛的每个瞬间

79

目录

第 6 话
时间的轨迹：卡丁车赛道的科学演变
—
97

第 7 话
从小白到职业巅峰：卡丁车人的多元成长之路
—
131

第 8 话
全面防护：卡丁车驾驶的"安全锦囊"
—
153

终 章
展望卡丁车的未来
—
185

第 1 话

从车库到赛道：卡丁车的传奇诞生

学习卡丁车的第一课,当然要从几个"第一"开始。

第一辆卡丁车,第一家卡丁车制造公司,第一场全国性卡丁车大赛,第一个卡丁车世界锦标赛……善于发明创造的工程师,让速度梦想搭载这台小小的机器走进千家万户,也让赛车手的 F1 冠军之路通过卡丁车徐徐展开。

在这一话里,我们将认识历史中的卡丁车,了解它的诞生和早期发展。

 大家了解卡丁车吗？

 我知道！

《跑跑卡丁车》* 《马里奥卡丁车》**

《跑跑卡丁车》《马里奥卡丁车》……我都玩过！

---

* 源自游戏《跑跑卡丁车》。
** 源自游戏《马里奥卡丁车》。

第1话 从车库到赛道：卡丁车的传奇诞生

> 今天我们要讲的是正式成为国际汽车运动,以卡丁车世界锦标赛(Karting World Championship)为代表的卡丁车运动!

历史上,很多著名的 F1 赛车手最初都是卡丁车比赛出道的。例如 F1 史上第一位黑人车手刘易斯·汉密尔顿(Lewis Hamilton)。

> **刘易斯·汉密尔顿**
>
> 1985 年出生于英国,F1 赛车史上最伟大的车手之一,7 次夺得 F1 世界冠军,还创造了最多分站赛胜利、最多领奖台次数等历史纪录。

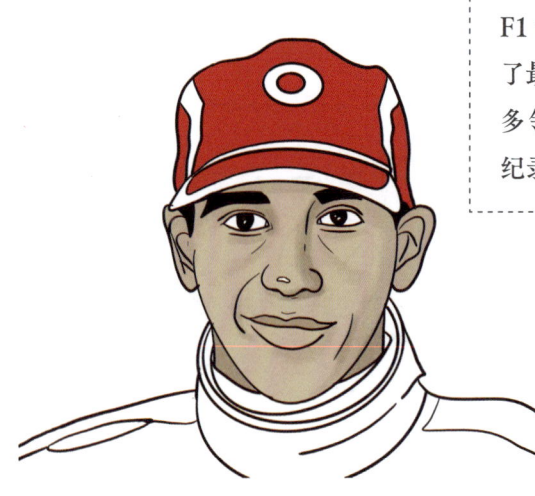

最伟大的 F1 赛车手之一迈克尔·舒马赫（Michael Schumacher）也是从小开卡丁车。

迈克尔·舒马赫

1969 年出生于德国，F1 赛车史上最伟大的车手之一，被誉为"车王"，以卓越的驾驶技巧著称，更以他的坚韧精神和领导力赢得了全球车迷的尊敬。

卡丁车的诞生过程伴随着四个"第一"：第一辆卡丁车，第一家卡丁车制造公司，第一场全国性卡丁车大赛，第一个卡丁车世界锦标赛。

咱们来挨个儿讲。

一、第一辆卡丁车

从前有个美国人叫阿特·英格尔斯（Art Ingels），他在车库里制造了第一辆卡丁车……

他用割草机加上极其简单的金属油管底盘及半实心轮胎组装成了卡丁车这一简易后来却风靡世界的机器。

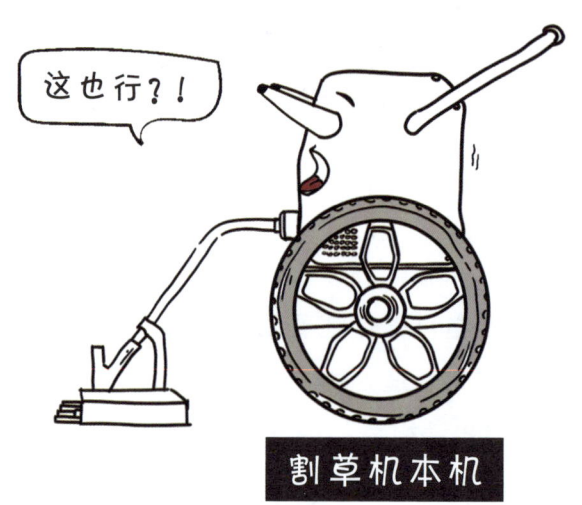

阿特·英格尔斯

美国赛车工程师，他从制造赛车中获得了灵感，在工作之余制造了第一辆卡丁车。这种"小型赛车"让普通人也能享受驾驶的极致乐趣。

这辆卡丁车吸引了很多人的兴趣，同年亮相美国波莫纳的一场汽车比赛。

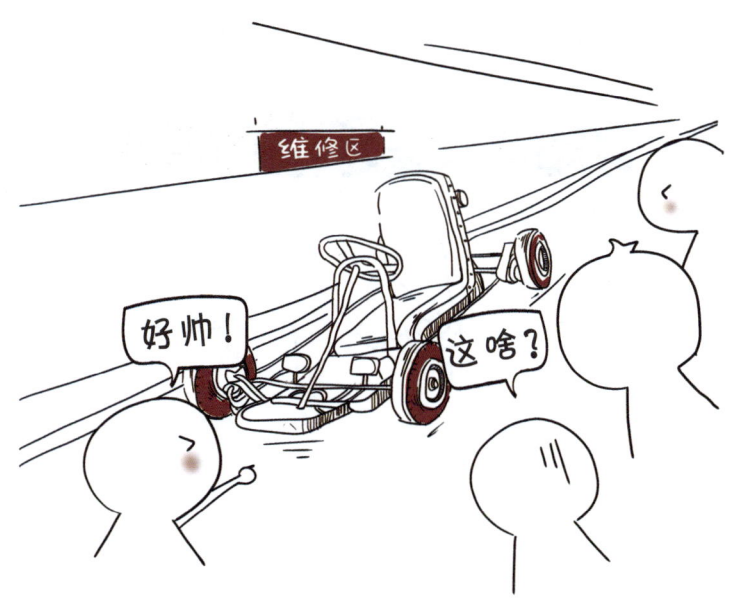

从此，卡丁车开始小范围进入人们的视野。

二、第一家卡丁车制造公司

机械师达菲·利文斯通（Duffy Livingstone）与英格尔斯相识后，常常聚在一起驾车娱乐。

随着爱好者队伍壮大，为了躲避警察管制，他们开始一起在加州帕萨迪纳的玫瑰碗体育场组织卡丁车活动。

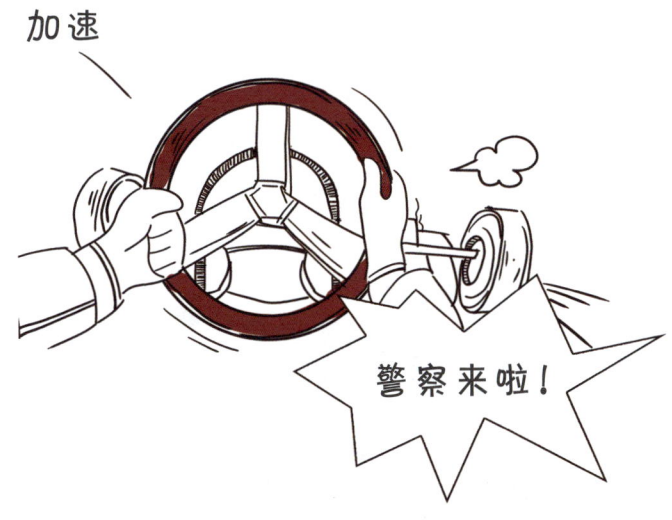

利文斯通等人在其中嗅到商机，于 1957 年正式成立了第一家卡丁车制造公司 "the Go Kart Manufacturing Co."。

Go Kart 公司创始人有三位：利文斯通、比尔·罗尔斯和罗伊·迪斯博文。

第 1 话　从车库到赛道：卡丁车的传奇诞生

他们决定以 129 美元的价格出售卡丁车。

广告词大意：
你买不起一辆玛莎拉利……
这里还有一辆跑车，
在每个人消费能力之内！

这里的"玛莎拉利"（Maserarri）是著名意大利豪华车、赛车品牌"玛莎拉蒂"（Maserati）和"法拉利"（Ferrari）的合称，是广告商对昂贵赛车的幽默说法。

在这之后，卡丁车运动开始在加州流行起来……

三、第一场全国性卡丁车大赛

很多人被这个新赛车领域所吸引，因此越来越多的卡丁车和车手开始出现，统一制定相关规则成为必要。

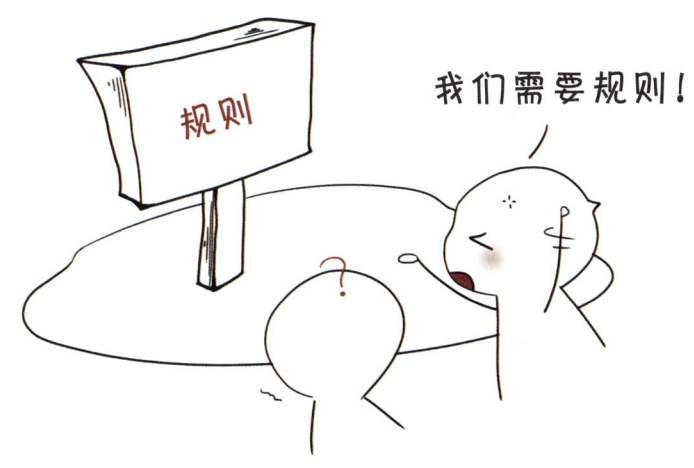

不久，帕萨迪纳的一位律师唐·布罗伯里克（Don Broberick）制定了一套管理卡丁车比赛的规范。

他与其他12名卡丁车爱好者一起成立了美国卡丁车俱乐部（GKCA），也就是后来的国际卡丁车联合会（International Karting Federation，IKF）。

老师！我要提问！这个时候的卡丁车比赛还是只在加州举办吗？

你猜得没错。一直到1959年，随着相关杂志的创办和全国第一次大赛的举行，卡丁车运动的风潮才逐渐扩大到了整个美国。

美国第一次卡丁车大赛在加州阿祖瑟赛道举行，这是Go Kart公司建设的世界第一条永久性卡丁车赛道。

阿祖瑟赛道

阿祖瑟赛道1958年（一说为1959年）由卡丁车制造公司Go Kart在美国加州的阿祖瑟建成，位于Go Kart公司新总部附近，是世界上第一条永久性的卡丁车赛道。

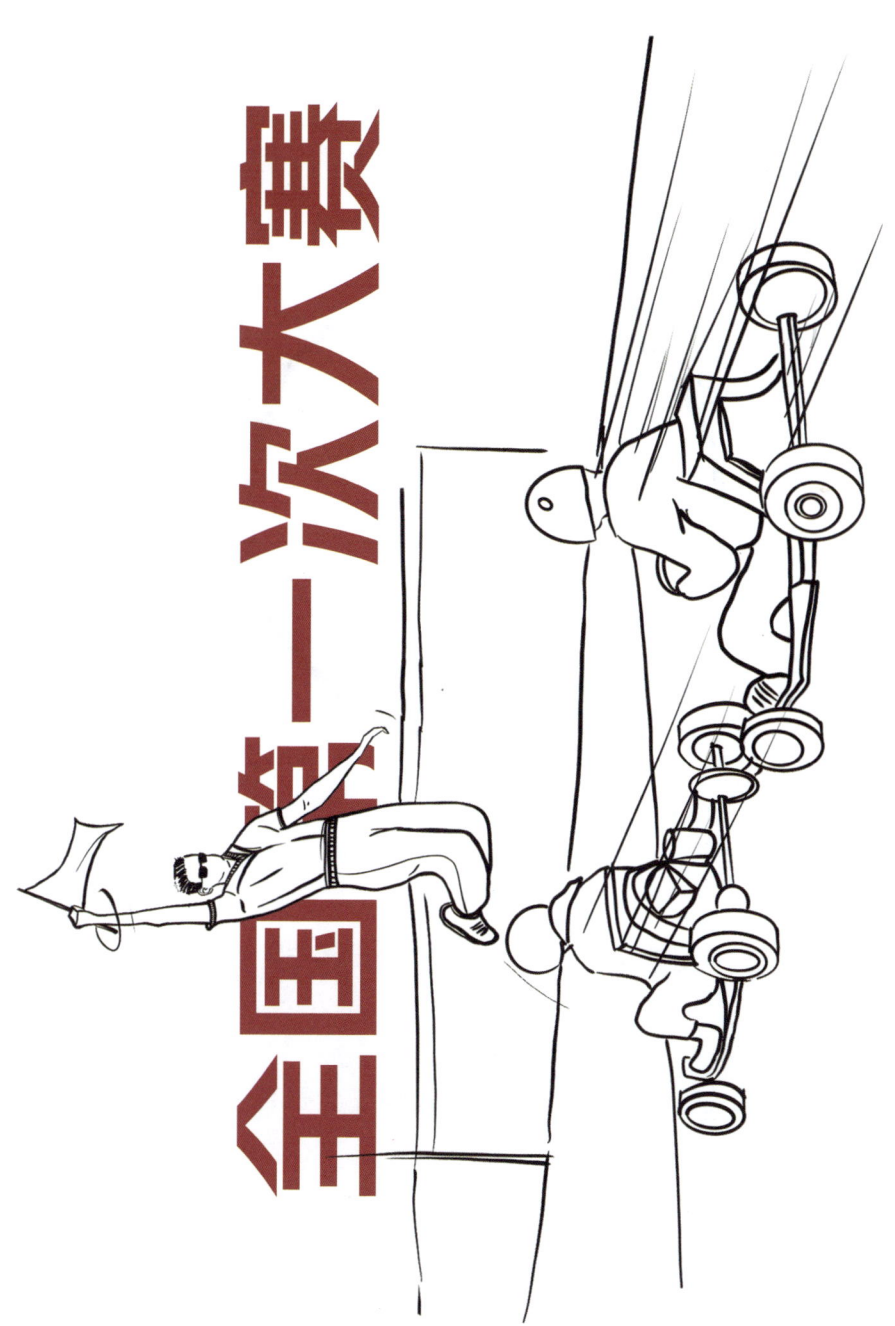

第 1 话 从车库到赛道：卡丁车的传奇诞生

1960年开始,一些欧洲国家也接连举行了当地的卡丁车比赛,卡丁车比赛从此走向世界……

四、第一个卡丁车世界锦标赛

1962年,为了推动卡丁车运动在全球范围内的健康发展和普及,国际汽车联合会正式创立了CIK-FIA,即"国际汽车联合会卡丁车委员会"。该委员会在世界范围内普及和促进卡丁车运动,并且监督实施统一的规则和技术标准,设立了一年一届的卡丁车世界锦标赛。

国际汽车联合会

(Fédération Internationale de l'Automobile, FIA)

成立于1904年,是代表全球汽车组织和汽车使用者利益的国际协会。总部原设在法国巴黎,后迁至瑞士苏黎世。FIA是全球汽车运动的管理机构,负责协调和组织全球范围内的汽车赛事。

老师,CIK-FIA具体制定了什么规则?

例如车辆的规格、性能、组别,车手的驾照等级和认证,以及安全认证的设施等。

自此,卡丁车运动受到国际汽车联合会的监管,这一新生的汽车运动迅速发展壮大。(撒花~~)

老师,我有最后一个问题!

 说!

几点下课,我要去玩卡丁车啦!

第 2 话

卡丁车：
流行文化中的竞速魅力

上一话中，我们共同漫步在卡丁车的历史长廊，见证了它从初生到茁壮的动人历程。从第一辆卡丁车的轻盈问世，到第一家卡丁车制造公司、第一场全国大赛的踌躇启航，卡丁车在赛车界绘下了浓墨重彩的一笔。匠心独运的工程师们不仅让速度之梦乘着这小巧的机器翱翔于千家万户，也为赛车手们铺设了一条通往F1冠军的璀璨之路。

　　历史的车轮永不停歇，卡丁车的故事在时代的浪潮中继续书写。如今，卡丁车已悄然融入了流行文化的广阔天地。在影视的梦幻舞台上，它化身为热血与梦想的代名词；在游戏的虚拟世界中，它引领着速度与个性的狂潮；在艺术的浩瀚星空中，它激发着无数创作者的灵感火花。流行文化中的卡丁车，正以它独有的方式，诉说着关于梦想、挑战与超越的动人故事。这一话，小J老师与你们一同探索卡丁车与流行文化的奇妙交融，感受它在影视、游戏、艺术等各个领域带给人们的、超越极限的心灵震撼！

小J老师今天和大家聊聊卡丁车与流行文化。

同学们想想看,你们在生活中对卡丁车的印象是什么样的?

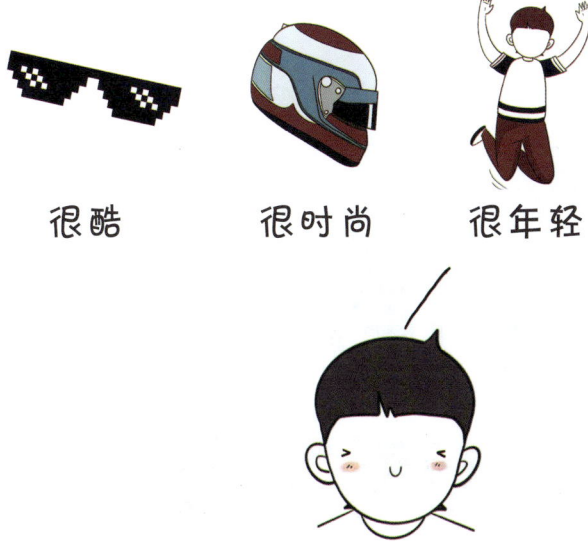

很酷　　很时尚　　很年轻

说得很好。
这些关于卡丁车的思维方式、价值观念都是一种文化象征。

虽然卡丁车诞生到今天只有70多年,但已经成为流行文化不可缺失的一部分,在人们的精神生活中,时常可以看到卡丁车运动的身影。

比如很多偶像明星会展示自己对卡丁车的爱好!

是的!用卡丁车特点来彰显自己的个性,就体现了卡丁车的一种文化属性。

像一种精神符号！

 没错！所以卡丁车也经常作为文化艺术作品的创作素材。

一、电影与电视

比如,有很多卡丁车题材的电影,不能开卡丁车上赛道的日子里,看看电影也不错!

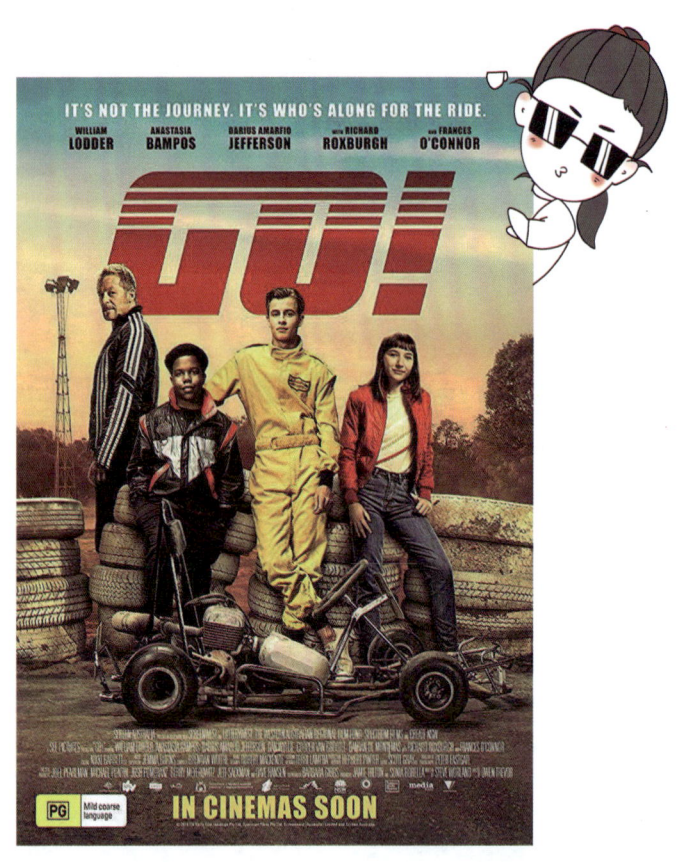

《卡丁赛车王》(2020)讲述的是15岁的主人公杰克通过努力征战卡丁车比赛的故事。

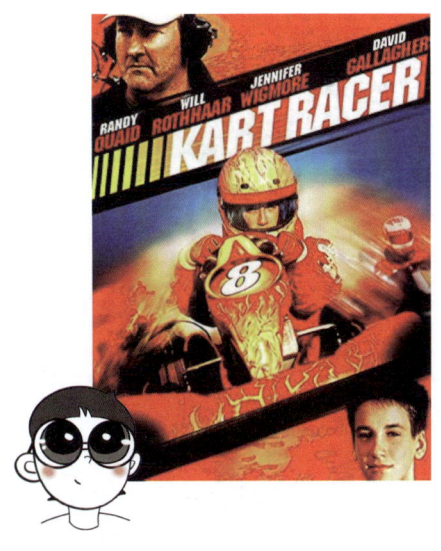

《卡丁车手》（2003）讲述了一对父子因为参与卡丁车比赛而让关系逐渐破冰的故事。

《雷霆卡丁 V8》（2013）讲述了几名儿童改装卡丁车赢得神秘比赛的奇幻经历。

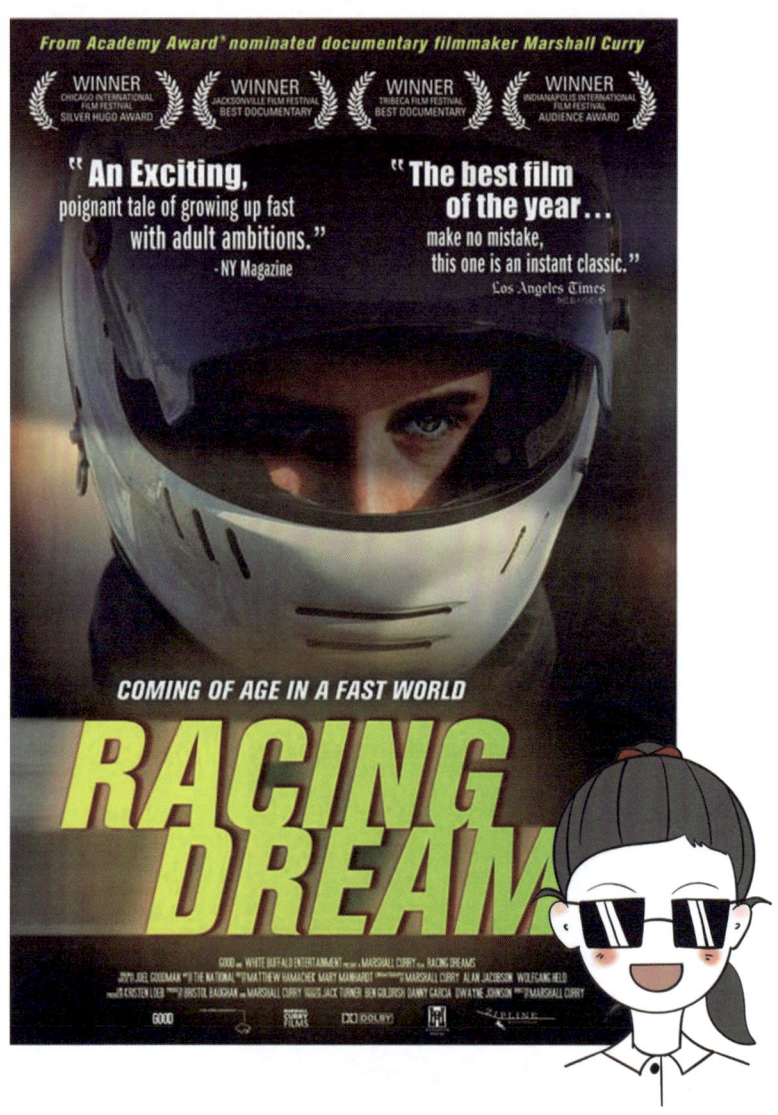

《狂飙梦想》（2009）以纪录片的形式讲述了三名少年通过卡丁车比赛起步，逐步征战美国纳斯卡比赛的旅途。

"纳斯卡"是"NASCAR"的音译,意为美国全国改装车运动协会(National Association for Stock Car Auto Racing)。该协会由美国赛车爱好者比尔·弗朗斯1948年创办,致力于管理改装车赛事活动。如今,纳斯卡每年举办赛事1 000多场,成为美国汽车运动的经典符号。

动漫中也不乏卡丁车的身影。比如首播于2005年的日本动漫《极速方程式》,小主人公的F1圆梦之路就是从卡丁车开始的。

《极速方程式》(2005)

二、游戏与音乐

有更多人因为游戏而认识卡丁车。比如经典的《马里奥卡丁车》就是由任天堂开发和发行的一系列赛车游戏。玩家参加卡丁车比赛,可以使用游戏道具阻碍对手或给自己加速。

《马里奥赛车8》(2014年发行)

《马里奥卡丁车》系列游戏从1992年首发到今天,已经推出十几个版本,风靡三十多年,成为当之无愧的经典!主角马里奥的形象也深入人心。

另一个家喻户晓的游戏《跑跑卡丁车》是韩国纳克森（NEXON）公司开发和发行的在线多人赛车游戏，拥有故事模式和挑战赛模式，最初发行于2004年的韩国。

《跑跑卡丁车》（2004年发行）

《跑跑卡丁车》游戏中的卡丁车与现实中的发展密切呼应，历经十余代技术革新，玩法与形象受到玩家们的喜爱，成为一种特别的情怀。

卡丁车与流行文化的高亲和力，让它与知名的动漫IP也可以完美跨界融合。比如《尼克卡丁赛手》系列游戏是以美国尼克频道动漫人物作为游戏主角的卡丁车游戏。

《尼克卡丁赛手》游戏角色的能力与他们在动漫里的角色设定相关，看到他们是不是感到很亲切呢？

类似的游戏还有《加菲猫卡丁车》《索尼克全明星赛车》等。

《加菲猫卡丁车》　　　　　《索尼克全明星赛车》

除了造型可爱的动画游戏，还有逼真的仿真游戏！

比如 2017 年首发的《卡丁车赛（专业版）》就是为了培训车手而开发的卡丁车模拟器，拥有模拟卡丁车动力学和配置的物理引擎。

《卡丁车赛（专业版）》

干湿赛道和抓地力变化都可以被模拟出来，专业又真实。

2018年首发的《卡丁争锋》同样是一款仿真度较好的卡丁车模拟器游戏，用先进的技术手段还原了车辆的物理特性。

《卡丁争锋》

玩家还可以在游戏里使用前沿的卡丁车装备，调校卡丁车的参数，赛车服、手套、赛车靴和头盔都可以风格化定制。

游戏虽然有趣，但千万不要沉迷其中啊！

原来卡丁车能创造出这么多文艺作品，我准备写一首关于卡丁车的流行歌！

已经有人这么做啦。还有不少摇滚乐队和朋克乐队，直接将卡丁车放在自己的乐队名称里呢。

Stellar Kart 直译为"恒星卡丁车",是一支朋克风格的独立乐队。

Go-Kart Mozart 直译为"卡丁车莫扎特",是一支独立乐队,擅长摇滚歌曲。

三、个性涂装

大部分卡丁车手都喜欢通过喷涂头盔表达个性,以至于在高水平的卡丁车比赛上没有喷涂的"素盔"反而比较特别。在卡丁车相关的众多职业中,不仅有头盔设计师,还有头盔涂装设计师呢!

一起来看看几个有个性的卡丁车头盔涂装吧!

马尔科·巴德尔(Marco Bardelli)为五届卡丁车世界冠军达维德·福尔(Davide Forè)设计的头盔

卡丁车世界冠军马尔科·阿尔迪戈（Marco Ardigò）的头盔

某品牌的卡丁车头盔

头盔往往是车手风格、趣味和特点的个性化表达,如果你想更深入地了解赛车文化,不如从关注车手们的头盔开始。

当然,卡丁车头盔是重要的安全设备,我们在使用时需要选用具有FIA专业认证的产品,不可以只看外表啊。

四、建筑

很多卡丁车场建筑也具有鲜明的特色,有些喜欢采用集装箱建筑,它们轻量、时尚又优雅,而且很环保呢。

北京 RED1 卡丁车场的建筑

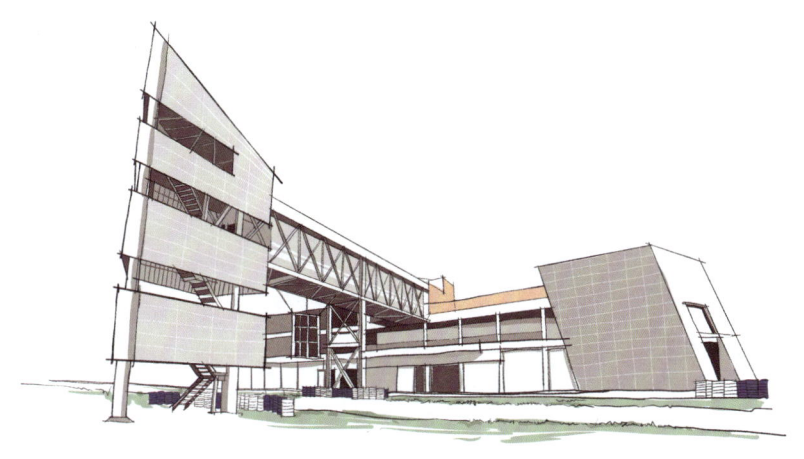

江西省新余市仙女湖国际卡丁车场的建筑

浙江金华国际卡丁车场的集装箱建筑

这些建筑是可以随便组合的啊!

那可不是哦!这些建筑都有特殊的功能,要求可严格着呢,如果位置放得不对,还会有巨大的安全隐患。

当然,除了以上提到的方面,还有以卡丁车为主题的绘画、雕塑等其他文化艺术形式。

浙江金华汽车文化公园中的雕塑作品《驯服》

这个作品真有创意！围绕在车手四周的卡丁车好像凶猛的野兽，但在车手的缰绳下，还是只能乖乖听话。卡丁车运动就是人类对速度的驯服啊！

原来不知不觉中，卡丁车已经和流行文化关系那么密切了！

是的！
卡丁车带给我们的不仅是驾驶的快乐，还有精神的满足啊！

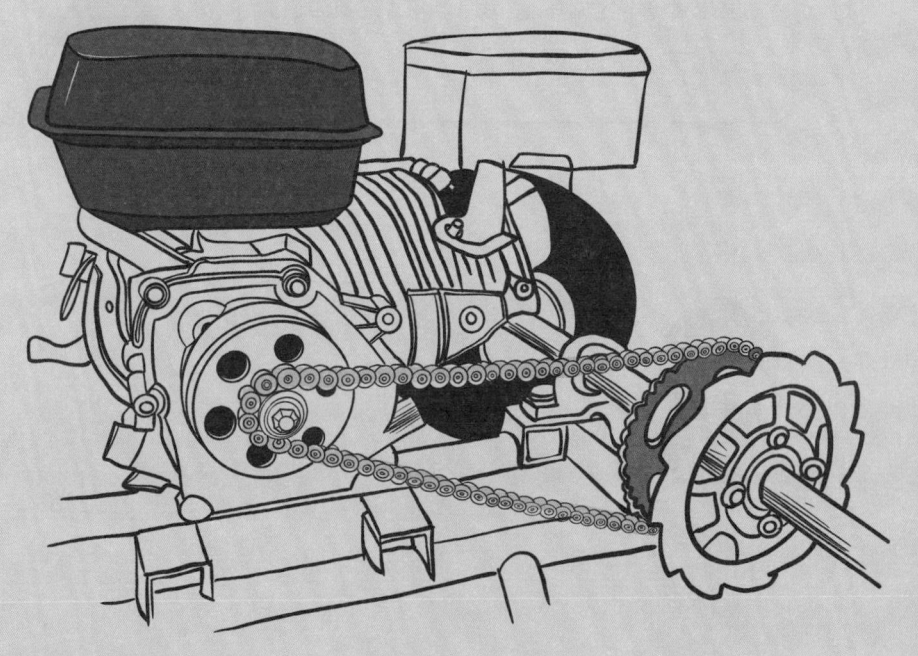

第 3 话

动手打造梦想座驾：DIY 卡丁车全攻略

前两话中，我们从历史和文化的角度观察卡丁车的"外在美"。现在，让我们用亲手组装卡丁车的方式，感受卡丁车的"内在美"。

随着科学技术的不断进步和工程师的钻研探索，今天的专业卡丁车需要专业技术人员来安装和拆解，但卡丁车的原理，无论在娱乐型卡丁车还是专业型卡丁车上都是相通的。在这一话中，小J老师将带领大家从组装一辆最简易的卡丁车开始，探索卡丁车的结构和原理，同步领略科技和速度带给我们的愉悦。

> 今天小J老师来教大家如何DIY一辆基础直式卡丁车。

> 卡丁车的车架底盘分为"直式"和"偏置式"两种。在直式底盘中，驾驶员坐在中间位置；在偏置式底盘中，驾驶员位于左侧。

在正式组装之前，我们先来了解卡丁车的七个重要系统及部件。

1. 框架式车架：卡丁车的基础骨架，对车辆的稳定性、安全性和操控性能有关键作用。
2. 轮胎系统：卡丁车与地面接触的唯一部件，其性能直接影响驾驶体验和安全性。
3. 转向系统：控制卡丁车行驶方向的关键装置，原理基于阿克曼转向几何结构。
4. 动力系统：卡丁车的核心，提供前进动力。
5. 传动系统：连接动力系统和轮胎系统的关键环节，负责传递动力。
6. 制动系统：确保卡丁车安全行驶的关键装置，负责必要时减缓或停止车辆运动。
7. 外壳及座椅：为驾驶员提供保护和舒适性，同时影响车辆的空气动力学特性和整体外观。

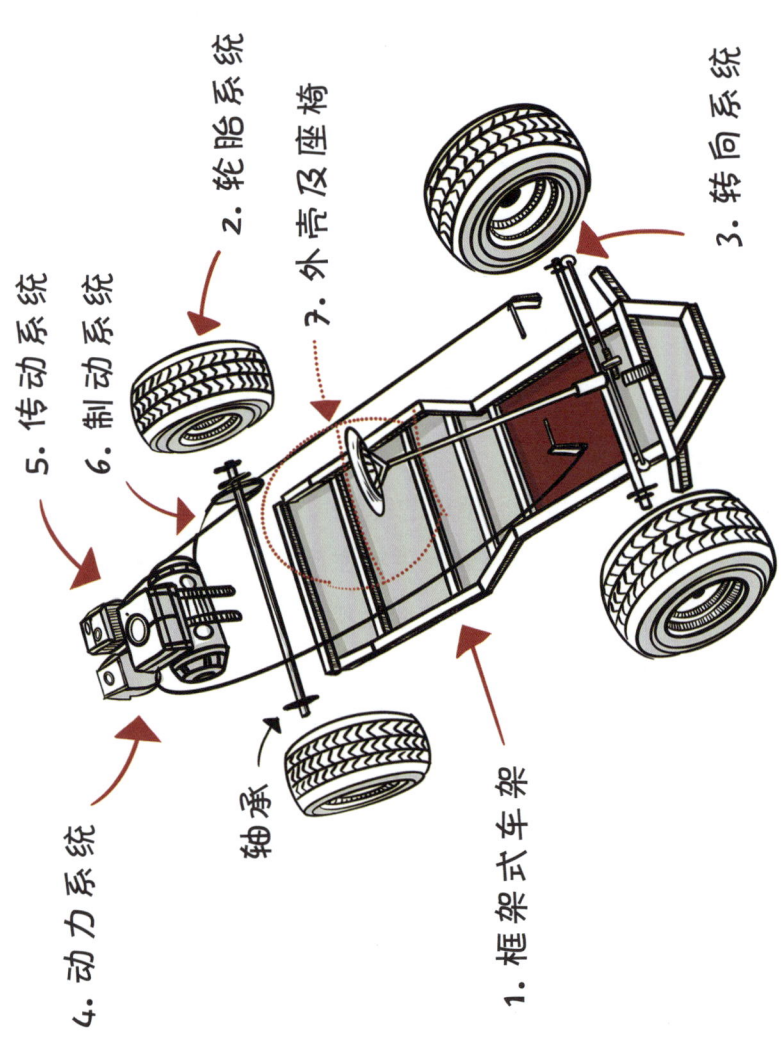

 小甲,DIY卡丁车的第一步是什么?

首先打开冰箱门,然后把零件放进去,最后关上冰箱门……

 制作卡丁车需要打开冰箱门……
啊呸!
制作卡丁车需要七步。

第一步,组装卡丁车底盘框架

工程师设计卡丁车车架时,需要同时完成动力学和运动学仿真计算,才能保证车辆的传动方式合理,让车辆操控良好,安全而舒适。材料通常选用碳钢、铝合金等。

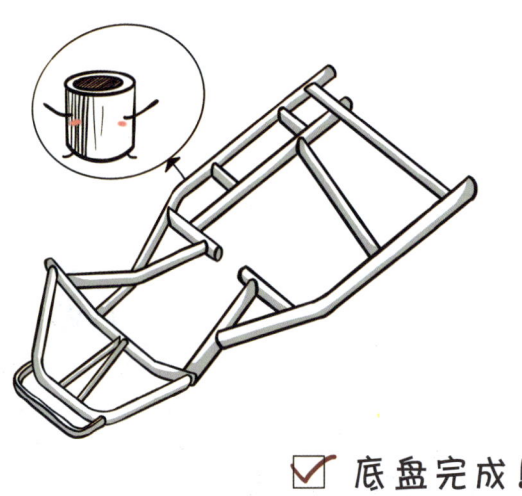

☑ 底盘完成!

底盘材料必须足够柔韧和坚固,可以作为悬架使用,并且强度足够高,不会在转弯时折断。

> **悬架**
> 车架与车轴之间的传力连接装置,也起到一定的减震作用。

质量绝对没问题!

二百斤的小乙

第二步,安装轮胎系统

卡丁车轮辋通常由镁合金、铝或复合材料制成。卡丁车轮胎比普通汽车上的轮胎要小得多。

谁在说话?

汽车轮胎

你好,我是小卡。

卡丁车轮胎

安装轮胎系统，要先安装前后轴，再安装车轮。

车轮后轴承

后轴连接器

后轴提前通过连接器连接制动盘及传动链轮。

老师，请问哪种轮胎跑得比较快？

 卡丁车轮胎有不同的类型，可适应不同的环境条件。

如果雨天比赛，轮胎的选用有什么讲究吗？

 在下雨或者湿润的赛道上，可以使用"雨胎"，"雨胎"是带沟槽的，与地面的接触面积较小。

老师，您提到了光胎，那是在光滑路面上使用的轮胎吗？

真聪明！非常柔软的光胎抓地力强但不耐磨；坚硬的光胎抓地力弱，但寿命更长，通常用在娱乐型及租赁型卡丁车上。

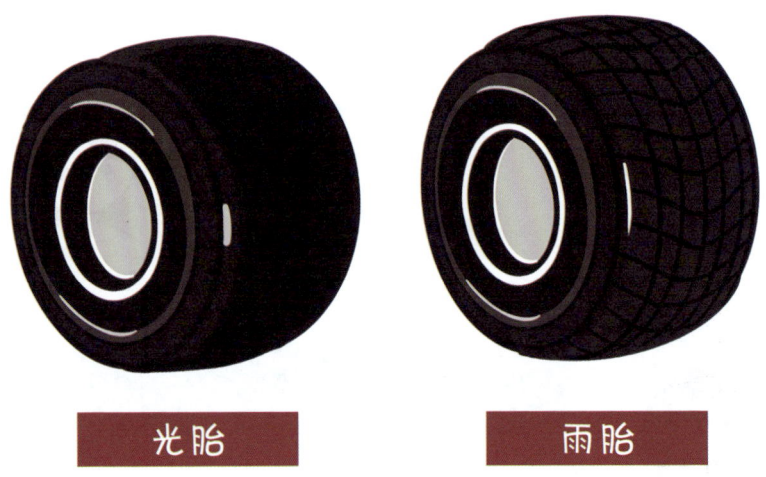

光胎　　　　　雨胎

偷偷告诉你，卡丁车的轮胎可是名副其实的消耗品，专业卡丁车手参加一场比赛至少要替换一套轮胎。如果从8岁开始练卡丁车到18岁，以每年参加10个比赛周计算，总共需要耗费至少2000条轮胎！

了解了轮胎，
第三步，连接转向系统

转向系统包括：方向盘、转向轴、转向羊角、横拉杆、转向万向节等。方向盘可控制前轮转向。

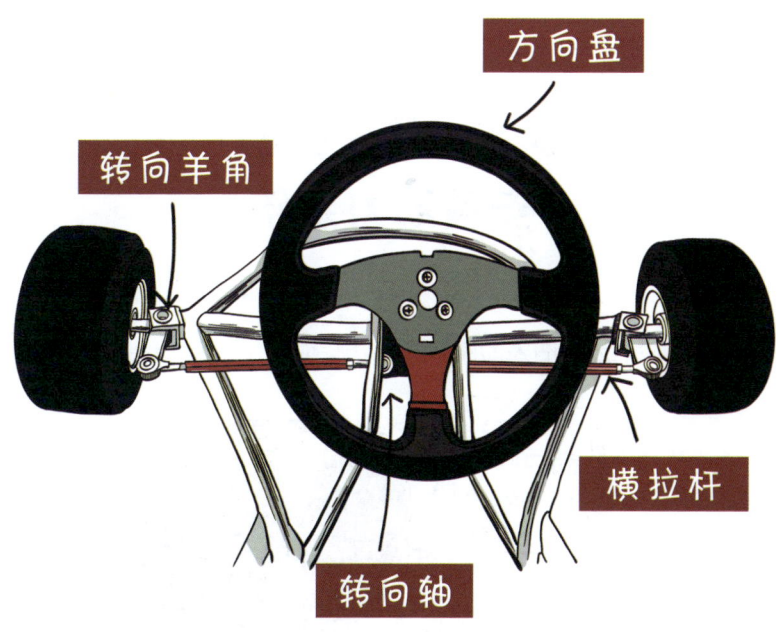

☑ 转向系统完成！

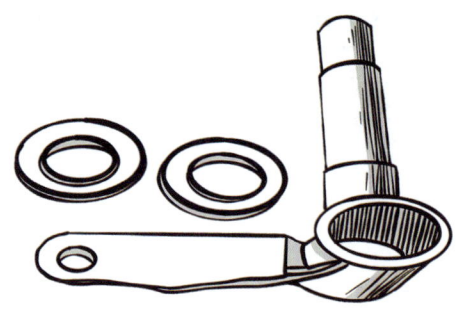

转向羊角

> 转向羊角因形状酷似羊角而得名,是卡丁车转向系统的重要零件。

第四步,也是关键的一步,安装动力系统

动力系统包括发动机、油门踏板。

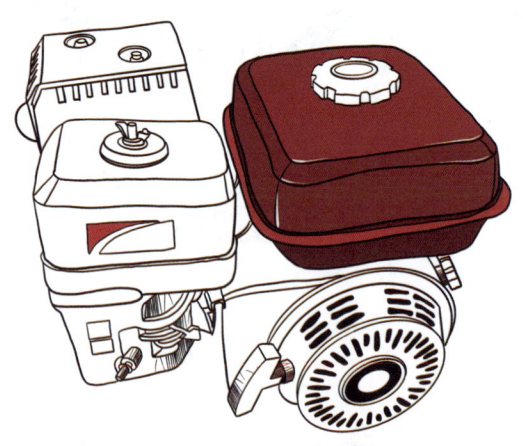

某款四冲程卡丁车发动机

有别于娱乐用卡丁车的发动机,专业赛事用卡丁车的发动机看起来更加集成,更加紧凑,像这样:

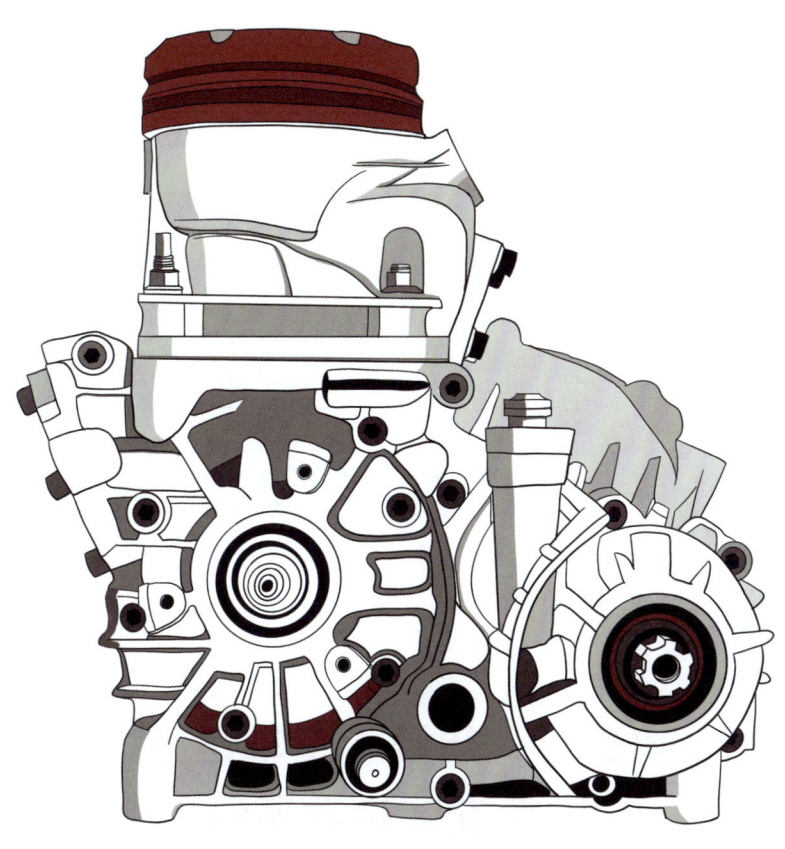

某款 FIA-CIK 赛事用二冲程卡丁车发动机

> 老师，发动机要怎么选呢？

一般来说，四冲程发动机卡丁车更稳定节能，适合入门。
二冲程发动机卡丁车速度更快、重量更轻，适合进阶。
娱乐型卡丁车可以由四冲程发动机或电动机提供动力，而比赛用的专业卡丁车大多使用二冲程发动机（部分娱乐车比赛也会使用四冲程发动机）。

第五步，想要卡丁车运行，需要安装传动系统

动力通过链条从发动机传递到后轴，发动机和轴链轮均可拆卸。

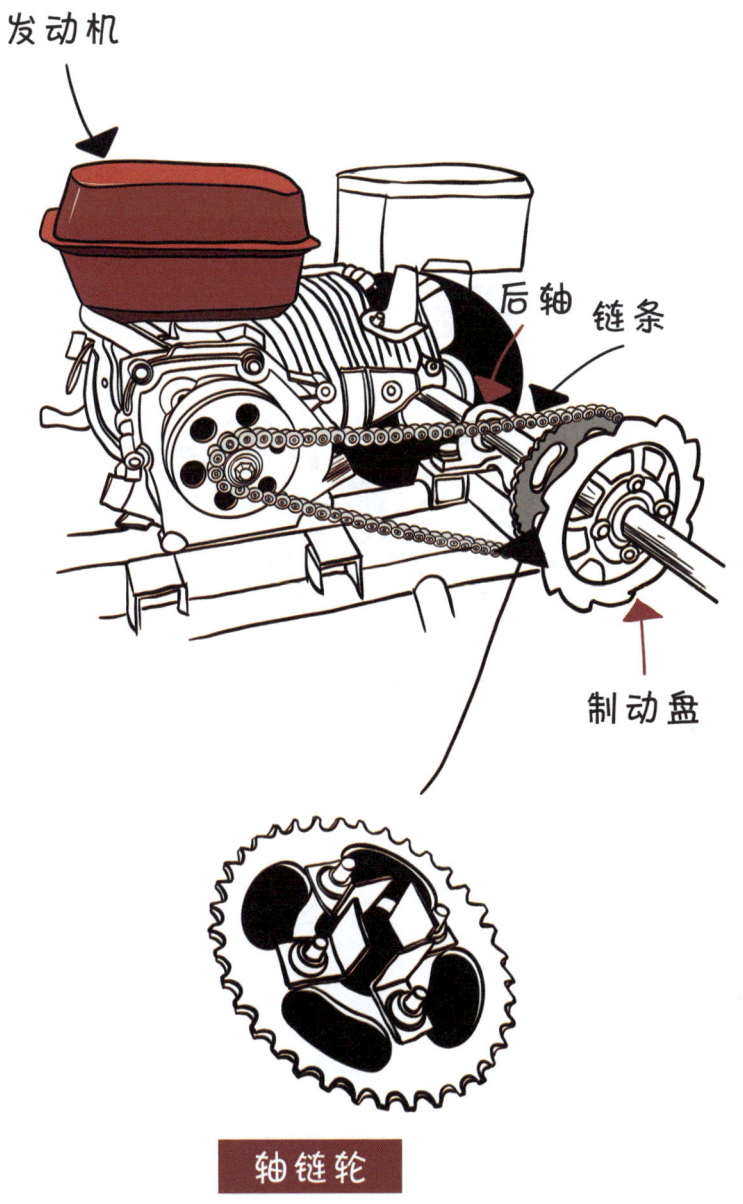

轴链轮

☑ 动力系统、传动系统完成！

第六步，安装制动系统

制动系统包括制动踏板、制动卡钳、制动油管，以及与后轴相连的制动盘等。

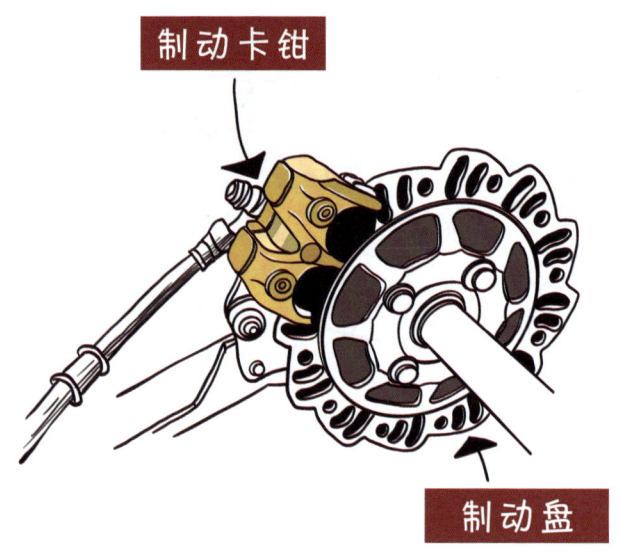

☑ 制动系统完成！

最后一步，安装座椅

这样一辆卡丁车就制作完成啦！

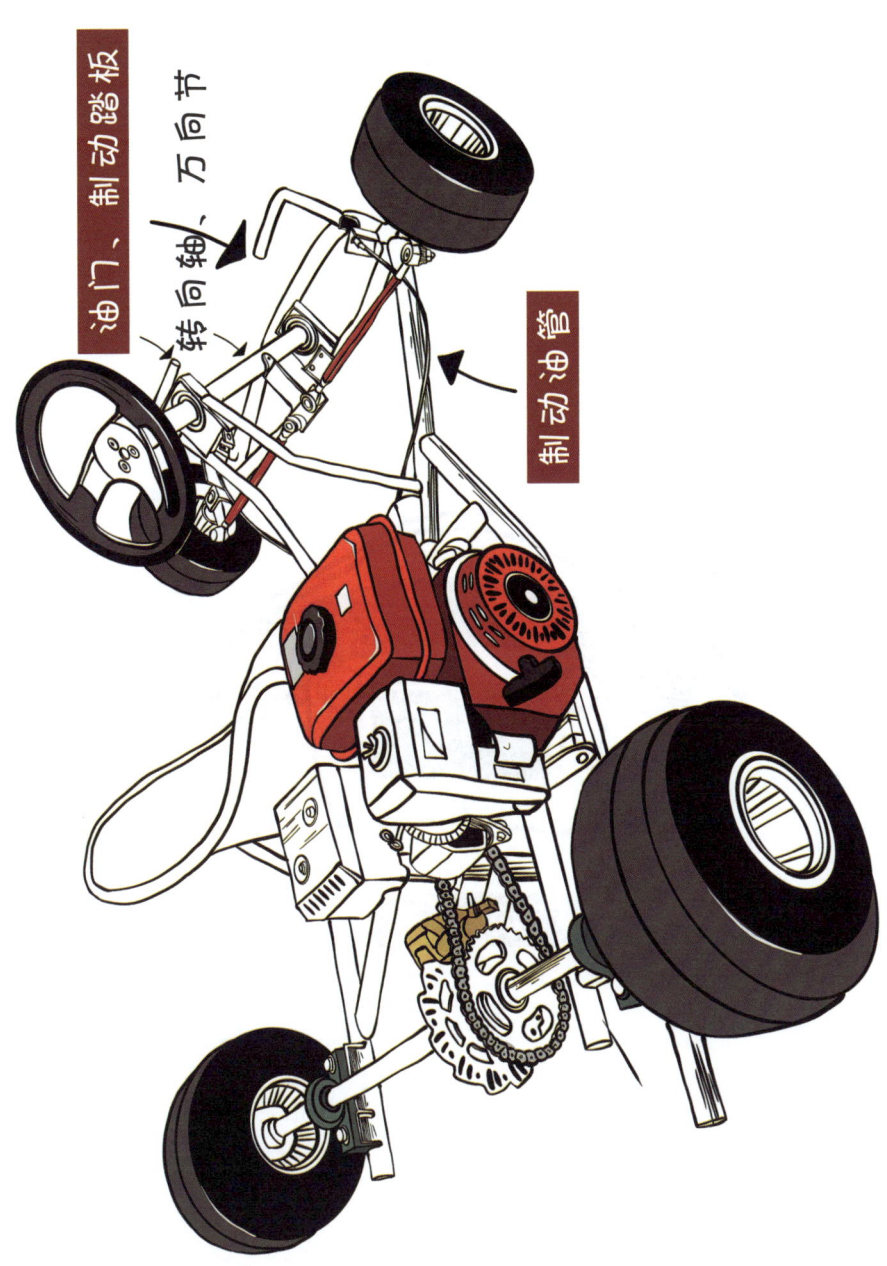

与其他赛车运动一样，近些年开发了几种用于卡丁车比赛的数据采集系统。通过这些系统，驾驶员可以利用固定在方向盘上的显示器监视一些参数，例如每分钟转数（RPM）、单圈时间、圈数、最佳圈数、冷却系统温度、废气温度等。

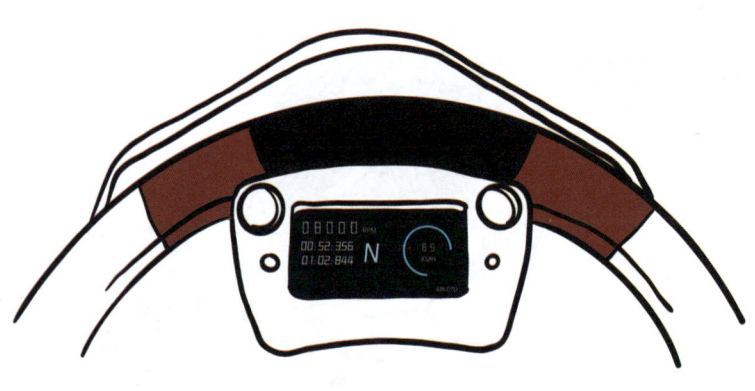

数据采集

老师，我们现在可以试车了吗？

 试车之前请跟我一起背：
道路千万条，安全第一条，行车不规范，亲人两行泪！

让我们一起飞越地球！
开上我心爱的卡丁车，
它永远不会堵车……

自制卡丁车仅供娱乐，大家谨慎参考哦，建议选择专业卡丁车。

第 4 话

历史的车轮：
早期卡丁车比赛的
探索之旅

前几话中，我们纵观古今，了解了卡丁车的文化与科学。这一话，我们再次回望历史中的锚点，去深入探究卡丁车早期比赛的细节和花絮，填补从卡丁车诞生到今日的记忆空白。或许阅读这一话之后，你也会感慨，将卡丁车比赛合法化的过程是多么曲折而励志；也一定会相信，只要有热爱，奇迹终将出现。

小乙,还记得之前我们讲过的美国第一场卡丁车全国大赛吗?

记得!
1959年在美国加州阿祖瑟赛道举行的全美第一次卡丁车大赛!

真棒!
那么今天,小J老师就来讲讲早期卡丁车比赛那些事儿……

　　卡丁车诞生后不久,就被狂热的改装车爱好者迅速改进,人们借助摩托车的二冲程发动机和迅速发展的车身制造业,让它成为一项真正的高性能汽车运动。

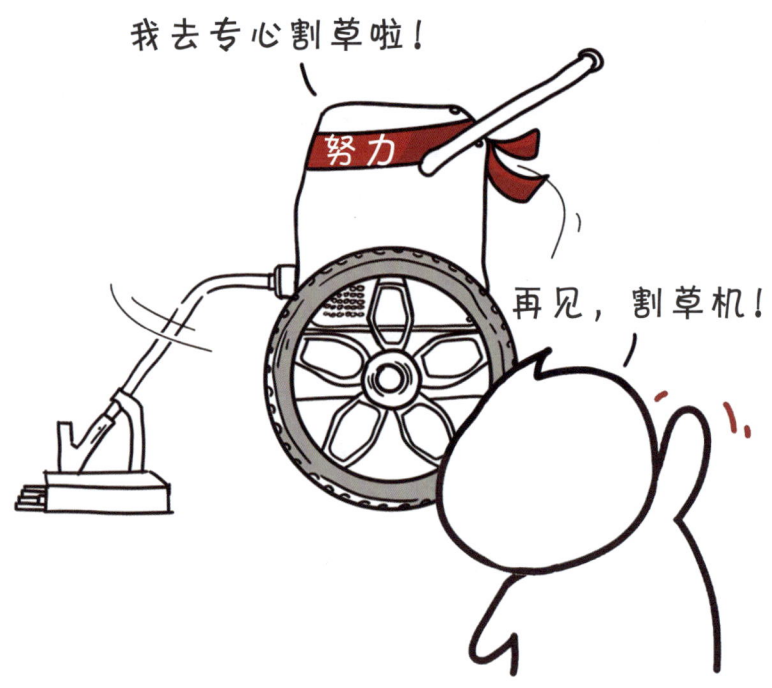

热爱让卡丁车爱好者聚集起来,他们开始寻找能够举办活动的场地。当时,美国禁止公共道路上的赛车活动。

功夫不负有心人，他们终于找到了一个可以举办卡丁车活动的地方。那就是位于帕萨迪纳市的玫瑰碗体育场——

> **玫瑰碗体育场**
>
> 位于美国加州帕萨迪纳市、洛杉矶东北郊区的大型体育场，1922年10月首次开放。因每年举行大学美式足球"玫瑰杯"而著名，曾经创下10万人观看比赛的纪录。玫瑰碗体育场被认定为美国国家历史地标和加州历史土木工程地标。

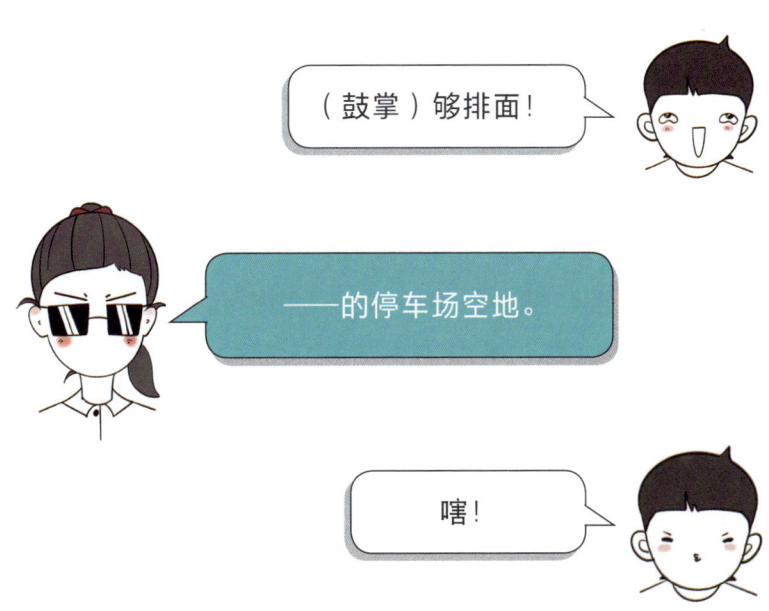

（鼓掌）够排面！

——的停车场空地。

嗜！

玫瑰碗体育场的停车场空地

别灰心，热爱的力量是无穷的！

1957 年 3 月，卡丁车爱好者聚集在玫瑰碗体育场自发地举办活动，这就是早期卡丁车比赛的雏形。

同年，第一个卡丁车俱乐部——美国卡丁车俱乐部（GKCA）在西科维纳的伊斯特兰购物中心的停车场成立。这个地方被称为"有组织卡丁车活动的诞生地"。那年 12 月底，卡丁车历史上的第一场正式比赛在这里举行。

伊斯特兰购物中心的停车场

这个停车场位于圣贝纳迪诺高速公路附近。在高速公路上行驶的司机总是被卡丁车的轰鸣声所吸引而减速或者停车,由此引发了许多事故,导致这里卡丁车比赛的终结。

卡丁车的爱好者没有灰心,他们继续探索,终于让卡丁车运动迎来了它的"传奇之年"——1959年!

1959年,Go Kart公司在莫哈韦沙漠的赛道举行了第一场卡丁车长距离演示。当时许多人认为卡丁车只是性能低下的玩具,为了打消人们的疑虑,主办方让28名车手轮流驾驶一辆卡丁车,在7天7夜的时间里跑了5 260英里(约8 463千米)!

莫哈韦沙漠赛道

这场"卡丁车马拉松"距离相当于从中国北京到英国伦敦那么远！

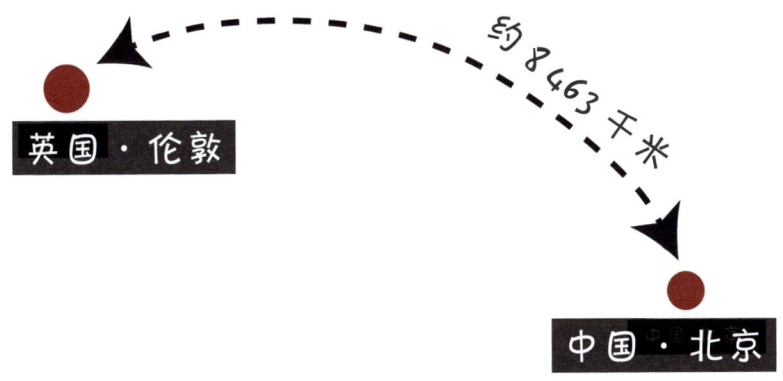

为了在夜间行驶，他们还专门配备了一辆汽车用于照明。7天7夜的全程中只遇到了两个问题：油箱漏油，以及撞上了一只兔子。

依然是 1959 年，Go Kart 公司在他们建成的第一条永久性卡丁车赛道——阿祖瑟赛道上，举办了第一次全国性的卡丁车大赛。

美国作为卡丁车运动的发源地，还成立了美国卡丁车大奖赛俱乐部（GPKCA），并在巴哈马群岛举办了一次奖金丰厚的"世界锦标赛"。

第一场卡丁车世界锦标赛比赛现场

第一场卡丁车世界锦标赛海报

美国迈科络公司的技术人员吉姆·山根夺冠,成为第一位卡丁车世界冠军。

第一位卡丁车世界冠军
吉姆·山根

技术人员、工程师参与赛车比赛,听起来有些不可思议,但这在汽车运动的发展早期并不罕见。19 世纪末到 20 世纪初,汽车运动刚刚诞生不久,赛车手大多由工程师担任,他们通过比赛中的极限环境测试车辆的各项性能,从而优化汽车技术。因此,将汽车运动看作汽车技术的"试验场",一点都不为过。

卡丁车不仅在美国风靡起来，还传播到世界各地。

老师，之后哪些国家又举办了卡丁车比赛呢？

1959年8月，英国在F1大奖赛举办地银石赛车场组织了该国第一场卡丁车展示，知名现役F1车手驾驶卡丁车在赛道上游行。次月又在布兰兹·哈奇赛车场组织了第二场展示。就这样，卡丁车运动进入了英国。

英国汽车运动的主管部门英国皇家汽车俱乐部（RAC）迅速为这项新生的汽车运动形式制定了规则，1959年11月进行了英国第一场正式的卡丁车比赛，并命名为莱肯希思大奖赛（Lakenheath Grand Prix）。

这场比赛的冠军，就是大名鼎鼎的格雷厄姆·希尔（Graham Hill），后来他获得了汽车运动"三顶王冠"的大满贯成就，即同时赢得印第安纳波利斯500英里比赛、F1摩纳哥大奖赛、勒芒24小时耐力赛三场世界顶级赛事冠军。

作为汽车运动发源地的法国也不甘落后，将美国的"卡丁车热"引入国内，并且在阿让特伊技术学校举办了第一场卡丁车活动。

1960 年，意大利、德国、丹麦、比利时、西班牙、卢森堡、爱尔兰等国家和地区纷纷举办了国内第一场卡丁车比赛。新西兰、瑞典、芬兰等国家也陆续开始举办卡丁车比赛或活动。

就这样，以美国为起点，短短 1 年时间，卡丁车比赛在世界各国遍地开花了！你们说快不快？

第 4 话 历史的车轮：早期卡丁车比赛的探索之旅

第 5 话
观赛秘籍：
解锁卡丁车比赛的
每个瞬间

在上一话中，我们重温了卡丁车早期比赛的艰辛历程。卡丁车运动发展至今，已经形成了完善的赛制和体系。这一话里，我们将走进热烈而喧腾的现场，去了解卡丁车不同比赛的赛制、分类和特点，跟随一场比赛的流程，用目光解锁每个精彩时刻。

小J老师今天来教大家怎样看懂一场卡丁车比赛。

小甲,想不想和老师一起看一场卡丁车比赛?

想!

卡丁车比赛分为很多种,根据比赛形式不同,可以分为竞速赛和耐力赛两大类。

卡丁车竞速赛

顾名思义,竞速赛是速度的角逐!个人车手驾驶卡丁车进行数轮比赛之后进入决赛,最早到达终点的车手获得胜利。

卡丁车耐力赛

与汽车耐力赛机制相似,通常团队作战,在规定时间内,行驶距离最长的车队获胜,比赛时间从 1 小时到 24 小时不等。

许多地方的卡丁车耐力赛会采用"勒芒式发车":比赛开始时,车手要先奔跑上车,再驾驶车辆在赛道上飞驰。这一传统来自著名的勒芒 24 小时耐力赛,观赏性很强。

勒芒 24 小时耐力赛上的勒芒式发车

小丙,除了竞速赛和耐力赛,你还知道哪些其他种类的卡丁车比赛吗?

越野赛!

有进步!
卡丁车还有一些特色或趣味比赛,比如卡丁车越野赛。

卡丁车越野赛

车手驾驶专用的越野卡丁车在泥泞路、河床、冰面等非沥青路面的赛道上比赛。这非常考验车手的驾驶技能!

还有一种高速卡丁车比赛,形式类似于美国的纳斯卡改装车比赛,车手用一种定制过的卡丁车在椭圆赛道上高速行驶。这种比赛常见于美国和英国。

英国 Stoxkarts 高速卡丁车赛

卡丁车比赛大部分在室外进行，也有少量比赛在室内举办。目前主流的卡丁车比赛基本都是在室外的专业卡丁车赛道上进行的。

说完卡丁车比赛的类型，来看看比赛流程吧！

这里以国内主流的卡丁车竞速赛中国卡丁车锦标赛（CKC）为例。不同的比赛会有少许的差异。

2018年中国卡丁车锦标赛（CKC）浙江金华站总决赛

中国卡丁车锦标赛
（China Karting Championship，CKC）

经国家体育总局和中国汽车摩托车运动联合会批准并列入年度全国体育竞赛计划及中国汽摩联赛历的系列赛事，是目前国内赛事级别和综合水平最高的卡丁车比赛。

流程 1

比赛之前，车手需要签到，对卡丁车进行赛前检查，称重，参加车手会议。这些都是为了保障比赛的公平性和安全性。注意：参加比赛的车手必须有相应的赛车驾驶执照哟！

流程 2

进入赛道后就可以开启练习,练习分为自由练习、官方练习和热身练习。

磨刀不误砍柴工

自由练习一般不设分组。官方练习会进行分组练习,需要同时进行计时模块的测试。热身练习在赛事当天的排位赛之前进行。

流程 3

接下来就是激动人心的比赛阶段啦！比赛分为排位赛、预赛、预决赛与决赛。

CKC比赛采用动态发车，有些比赛也会采用静态发车、勒芒式发车。

静态发车，指的是全部赛车都以发车顺序停好，比赛信号发出后赛车起步，比赛正式开始。

动态发车是赛车以规定顺序和安全速度在赛道上行驶一定圈数（这个过程称为"起步圈"）之后，当比赛条件成熟，工作人员发出加速信号，比赛正式开始。发车采用信号灯指示，有些比赛会使用旗帜作为发车信号。

 小甲,你了解比赛过程中一些信号的具体含义吗?

我知道黑白方格旗代表比赛结束!

 不错!
卡丁车比赛的比赛信号主要分为两种:灯光信号及旗语信号。

第5话 观赛秘籍:解锁卡丁车比赛的每个瞬间

灯光信号

卡丁车比赛中一般采用红灯,在很多场合也会使用绿灯和橙灯。这些灯光信号的含义和交通信号灯有些相似。

红 灯:红灯亮起,代表赛道封闭,车辆不得行驶;比赛前也用来表示比赛即将开始。

橙 灯:动态发车中如果橙灯闪烁,一般代表延迟起步,车手需要继续起步圈。

绿 灯:绿灯亮起,代表赛道开放,车辆出发。

旗语信号

比赛过程中,赛事主管及裁判员通过出示不同颜色图案的旗帜来释放信号,保证比赛顺利进行。

- 发车信号。

表示比赛、排位赛开始，或赛道存在的障碍已经被清除，比赛恢复正常。

- 赛道封闭。

表示比赛或者试车因某种原因提前结束或暂停。

- 静止：前方赛道某处有特殊情况，减速并禁止超车。

- 挥动：非常危险，准备停车。

第 5 话 观赛秘籍：解锁卡丁车比赛的每个瞬间

表示该场比赛顺利结束。

流程 4

最后就到激动人心的颁奖环节啦！完成比赛的前三名登上领奖台，接受荣誉。

第 6 话

时间的轨迹:
卡丁车赛道的
科学演变

当引擎的轰鸣还在耳畔回响,你是否注意到卡丁车赛道上暗藏的"达·芬奇密码"?上一话里,我们推开卡丁车比赛的大门,目睹了专业车手的竞速风采。你知道吗?那条被轮胎反复丈量的赛道,可不是简简单单的道路——围场、维修区、路缘石、防护栏、防护网、轮胎墙,都镌刻着汽车运动安全百年进化的科技年轮。

这一话中,小J老师将带我们深入赛道肌理,回顾汽车运动的进化史。从赛马时代传承的赛道文化,到现代赛道安全仿真的科技革命,我们会发现:速度狂欢的背后,永远站着一位名为"科学"的隐形守护者。

准备好迎接这场速度与智慧的双重盛宴了吗?

关于卡丁车的赛道，你们一定也有一肚子的问题想问吧。

是啊，老师，我早就想上赛道走走了。对了，怎么有的赛道在室内？它们也可以举办比赛吗？

卡丁车赛道分为室内卡丁车赛道和室外卡丁车赛道，还有一种室内外结合的卡丁车赛道。一般来说，用于比赛的专业卡丁车赛道都在室外，因为它们需要更大的空间。车手们通常也会选择室外赛道作为训练场地。

超级爽!

卡丁车的赛道是固定的吗?

 卡丁车场分为永久性卡丁车场、半永久性卡丁车场和临时性卡丁车场。

> 永久：100%

永久性卡丁车场拥有全部区域的土地使用权，赛道线形固定，构筑物也是永久性的设施。

> 半永久：永久/临时

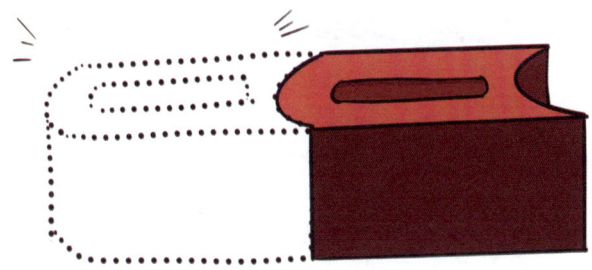

半永久性卡丁车场一般拥有局部区域的土地使用权，利用周边道路和现有赛道临时组合成一条卡丁车赛道。

临时：可拆

临时性卡丁车场是在大型广场或街道临时设置安全设施，或者临时改造中小型赛车场的局部区段，组合成一条卡丁车赛道。

浙江温州苍南国际卡丁车赛道

什么样的卡丁车赛道可以举办比赛呢？

卡丁车赛道需要经过专业设计，通过模拟认证和验收，获得相应的卡丁车场许可证，才可以举办对应级别的比赛。

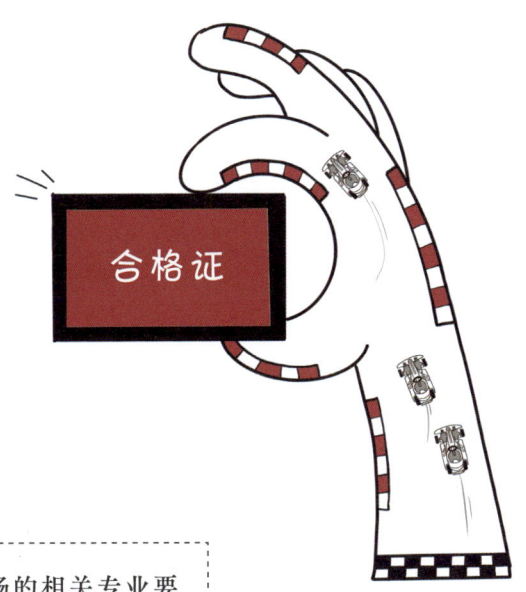

关于卡丁车场的相关专业要求，希望深入了解的读者可以阅读国家标准《体育场所开放条件与技术要求 第2部分：卡丁车场所》，以及中国汽车摩托车运动联合会团体标准《卡丁车场地技术规范》等。

如果想举办国际级的卡丁车比赛，就需要经过国际汽车联合会卡丁车委员会的认证，获得国际卡丁车赛道许可证。就算不举办国际比赛，举办国家级的卡丁车比赛也需要拥有中国汽车摩托车运动联合会颁发的国家级场地许可证。

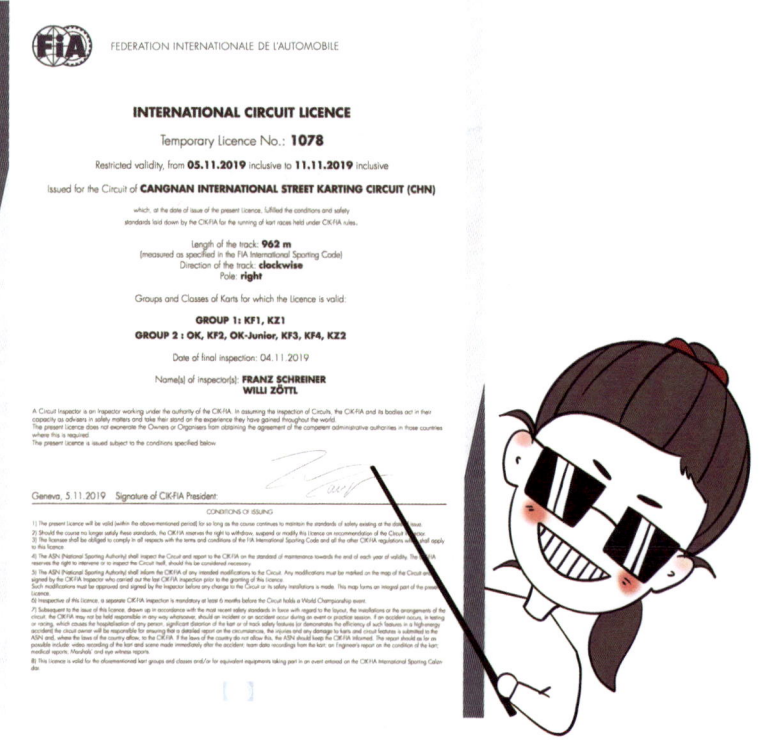

看起来很"简单"的赛道,原来有这么多讲究啊。

 卡丁车作为一项极限运动,需要兼顾安全性和竞技性,所以赛道的线形、长度、宽度、安全设施等,都需要由专业设计师来设计,高等级的卡丁车赛道还需要经过模拟仿真计算,决不可以马虎。

原来如此小众的领域也有这么多高科技呢！

接下来，跟随小J老师一起走上卡丁车赛道看看吧！

这是一条卡丁车赛道。让我们从起点线开始，体验专业的卡丁车赛道吧。起点线和终点线所在的这条直道，叫作发车直道（The Start/Finishing Straight）。

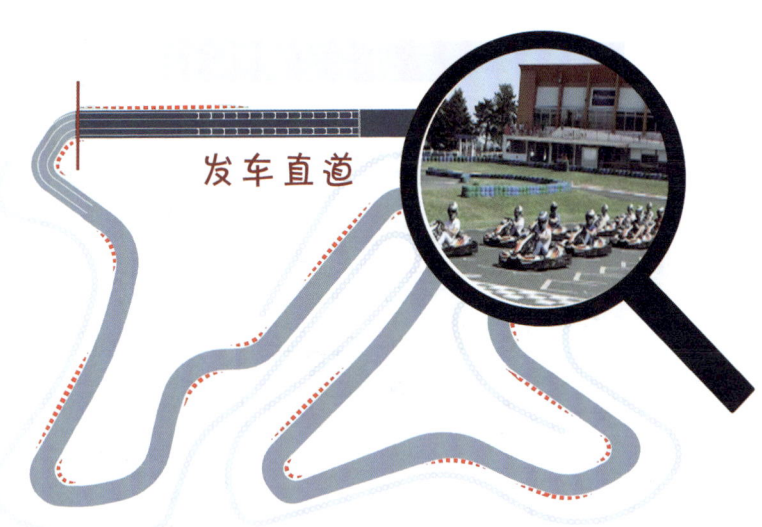

发车直道

汽车赛道也有发车直道,对吗?

是的,就像卡丁车起初被作为"小型赛车"那样,卡丁车赛道也与汽车赛道密切关联,并且伴随着赛道的发展而演变。
不过赛车场的发车直道还有更古老的来源。它来自一项历史更悠久的运动,那就是赛马。

赛车和赛马有关系吗?

 它们的关系不是一般地大!

最早的赛车场——英国布鲁克兰赛车场(Brooklands),就是参考赛马场的布局来设计的。在汽车运动发展的早期,美国人还会在赛马场举办汽车比赛呢。

赛车真是一项既年轻又古老的运动啊!

 没错。赛马场起终点的直道设计在汽车赛道上被延续,人们也习惯了直道上的起跑和冲刺。

接下来观察赛道，会发现赛道是黑色的沥青路，两边各有一条白线。它们叫作赛道标线（Line Markings），是用来表示赛道的边界和起终点信息的。它们属于赛事设施的一部分，赛事设施还包括发令台、裁判站、信号灯系统、计圈装置与时钟、监控系统等。

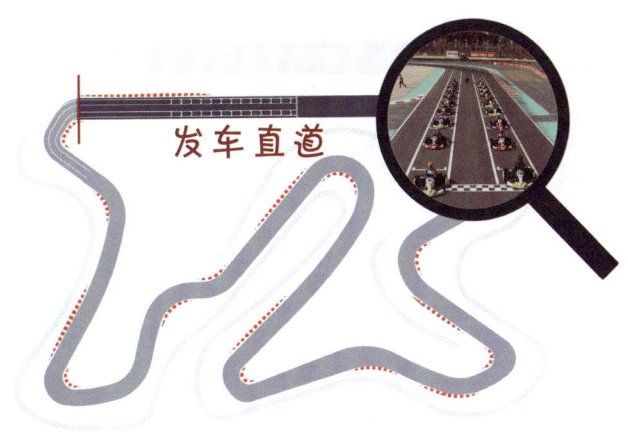

发车直道

赛道标线再向外一点，偶尔会有稍稍高出地面的台子，颜色很漂亮。

它们是卡丁车赛道专用路缘石（Karting Kerbs），是赛道安全设施的一部分。你仔细观察一下，它们是不是大部分在卡丁车容易驶出赛道的位置？

好像是啊，有几块路缘石都被蹭掉漆啦！

路缘石的作用可不少。它红白相间，特别醒目，起到警示作用。在弯心，它可以防止卡丁车"抄近道"，而在出弯的地方，它可以防止卡丁车走大半径，占用赛道外的空间。

小J老师，我开上去过！轮胎在路缘石上驶过的时候，车手并不舒适，颠簸得很严重，这是为什么呢？

这就是路缘石的第二个作用啦。
卡丁车在路缘石上会颠簸，这样车辆就会损失速度，让车手把占的便宜抵消掉。
所以路缘石上的凹凸面都是经过精准计算的！

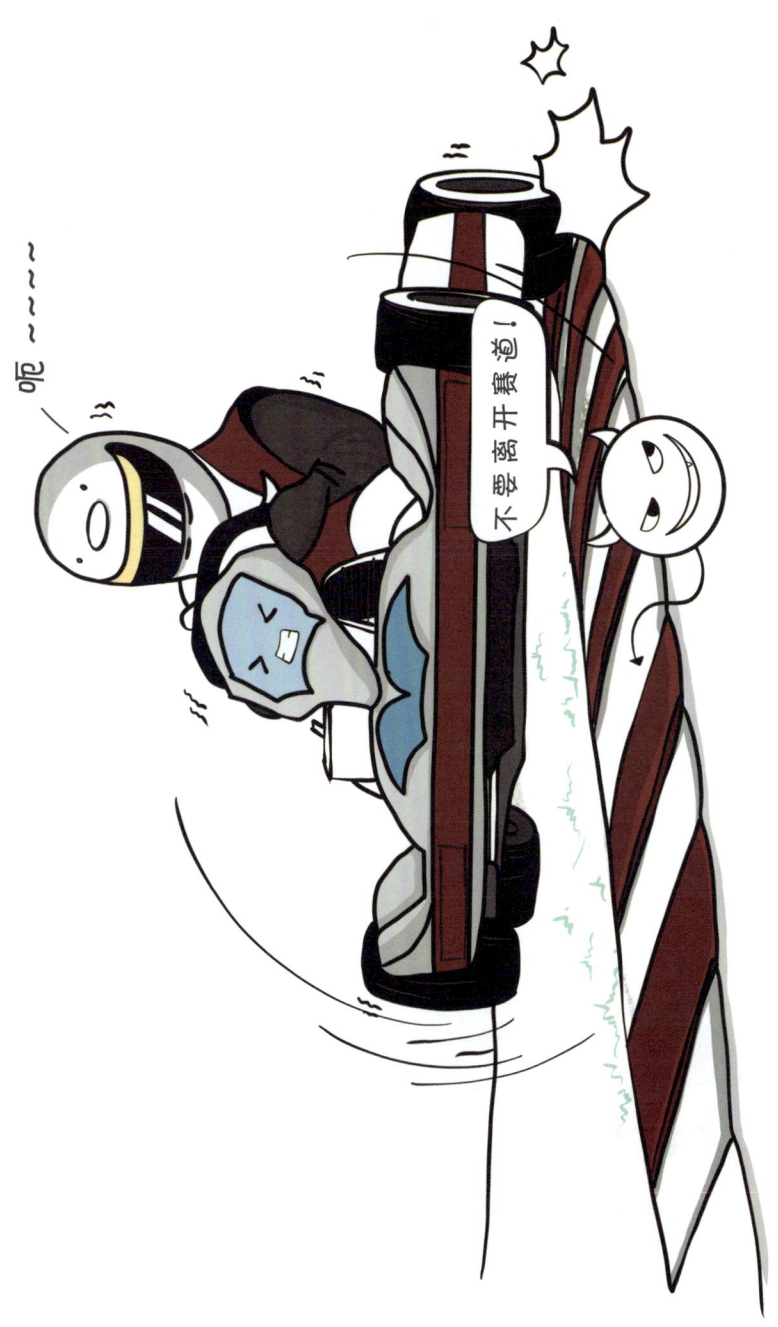

那旁边的轮胎是做什么用的？被组合到一起了呢。

这可不是普通的轮胎，它们是卡丁车赛道的专用防护墙（Karting Protection Barriers），必须按照特殊要求固定好。每个轮胎之间都用螺栓紧紧固定在一起，它们的摆放位置也需要经过科学的计算和设计。

轮胎墙只是防护墙的一种，常见的卡丁车赛道专用防护墙还有专用气垫、专用泡沫垫、专用塑料块等形式。

当卡丁车失控离开赛道的时候,防护墙就派上用场啦。它们通过瞬间的变形来吸收能量,让卡丁车特别是卡丁车手少受伤害。这就是最基本的动能和势能转化的原理。

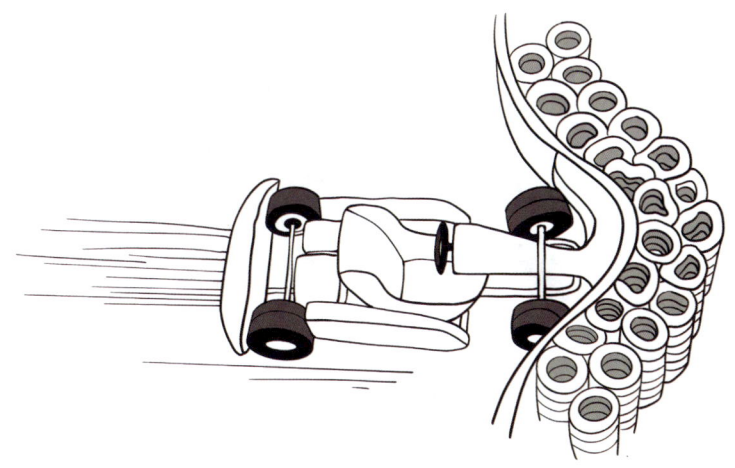

那它们的质量可一定要过关啊!

你的担心非常有道理。防护墙必须使用经过相应安全认证的产品。同时,它们的摆放位置、数量都需要经过专业的设计。安全设施一旦被错误摆放,可能与安全的目标背道而驰,成为"赛道杀手"!

你看，赛道外侧铺有草地和石子。那可不是一般的草地和石子，它们同样是赛道安全设施的一部分，学名叫作"缓冲区"（Run-off Areas）。赛道边线与缓冲区之间的过渡部分叫作"路缘缓冲带"（Verge）。

它们也能保护安全吗？

是啊，卡丁车失控或者碰撞时，可以在缓冲区内降低车速。缓冲区通常是天然草坪、砾石床或者沥青路面。

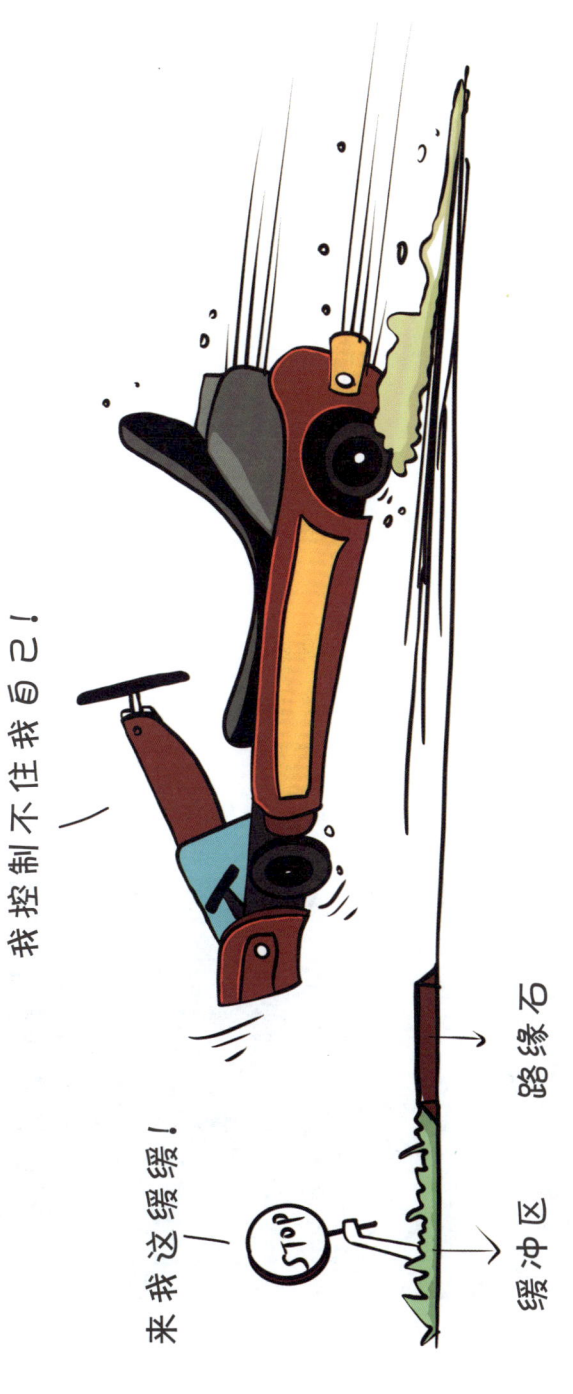

听起来，似乎缓冲区越大越安全嘛。

理论上看似乎是这样，但缓冲区越大，建设和维护的成本也越高，多余的缓冲区反而造成资源浪费，观赏性和竞技性也大打折扣。

所以，要在合适的位置，设置大小、形状合适的缓冲区。这些内容都需要专业的赛道设计师通过计算机仿真来实现。一旦位置错了，大小错了，那可能就会酿成大祸。所以，优秀的设计不仅让赛道更安全，还会节省资源。

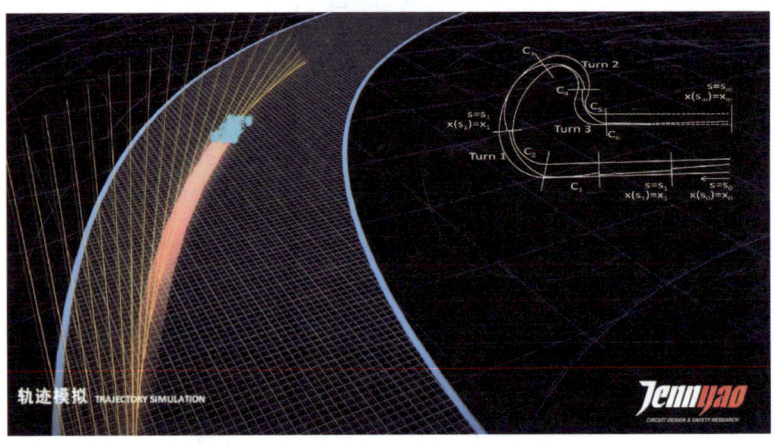

赛道仿真设计

防护墙和缓冲区外面，还有许多类似马路护栏和护网的装置，它们也是安全设施吗？

它们的学名叫作混凝土防撞墙和金属防护网。如果防护墙外侧有水系、陡坡，或是看台、观众区，同时缓冲区的大小又不能满足要求，就需要加装硬隔离设施和金属防护网了。

什么是硬隔离设施？

"硬隔离"区别于轮胎墙、泡沫垫等软质设施,指的是混凝土、不锈钢等硬质材料组成的隔离。

那可真是铜墙铁壁了!

不同的安全设施各司其职,都是为了保障人员和财产的安全啊。

刚刚说到，专业的卡丁车赛道还要配备信号灯系统、计时系统和监控系统。

在之前的章节我们提到起点位置的发车信号灯。

除了发车信号灯外，赛道信号灯系统还包括维修区信号灯和赛道信号灯。前者表示维修区的打开或关闭状态，后者可以向车手传递赛道上的行车状态。

不要进维修区！

精确的计时系统不仅能保证比赛的公正性，而且能让体验者不断超越自我，享受"刷圈"的乐趣。

计时系统分为硬件和软件两部分。赛道的起终点线处、计时线处都预埋了计时感应线圈。

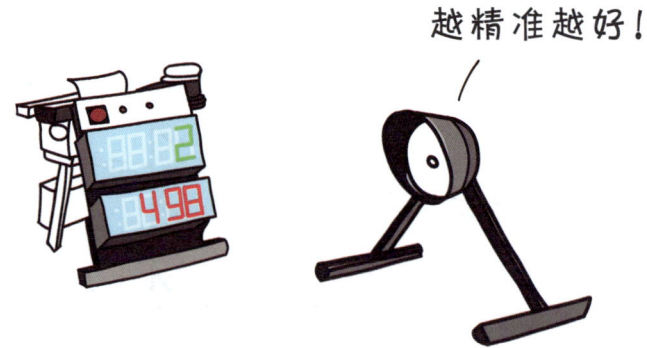

还有监控系统，需要保证对赛道的全覆盖，相对危险或是事故高发的重点区域，要做到高清监控。

不放过每一个细节!

卡丁车赛道背后的技术还不止这些,还要满足排水要求,万一下大雨,赛道可不能变成水塘哦。当然还要有电,有信号。这些设施可不能随便安放,一旦位置错了,很可能给赛道带来巨大的安全隐患。

赛道果然不仅仅是"一条路"啊!

讲过了赛道,快来看看卡丁车场地还有什么"大件"。它们都有专业的名字,比如维修区、指挥中心、医疗中心、计时中心、围场、服务区、车检区等。

| 维修区 | 指挥中心 | 医疗中心 | 计时中心 | …… |
| 围场 | 服务区 | 车检区 | …… | |

第 6 话 时间的轨迹:卡丁车赛道的科学演变

经常听到卡丁车比赛里提到P房，那是什么？

就是这座紧邻赛道的建筑，学名叫作维修区，俗称"P房"。
卡丁车的维修区是进行机械维修、车辆储存和赛事管理的独立区域，通过维修通道与赛道相连。

这个字母"P"代表什么，小丙知道吗？

让我猜猜看，不会是"停车场"（parking）的意思吧？

想象力丰富啊！不过很遗憾，你猜错了哦。"P"是"Pit"的简写，这个单词的意思是"坑"，它也有自己的传说呢。

我叫Pit

我也是

这个单词与赛车场一脉相承。20世纪初，在汽车运动发展的早期，赛道旁会设置一处用于车辆维修、加油和换胎的空地。为了不阻挡观众的视线，常常会设在半地下的坑道里。

是不是很有趣？时至今日，维修区的形式有很多变化，但名字被保留了下来。简单的名词背后是历史和文化啊。

类似的还有"围场"（Paddock），这是紧邻赛道的一个可封闭的区域，大多位于维修区后方，用于赛事服务、仓储、活动等。

"围场"背后有什么故事?

 这又要说到赛马运动了。围场最初是赛马场中的重要设施,原指用围栏包围的一片空地,用来饲养马匹。

大家好,我是围场里最快的马,也是最帅的。

真能显摆!

在世界上第一条赛道布鲁克兰赛道的设计中，设计师引入了"围场"的概念，紧邻赛道设置一片空地，以供管理和运输使用。

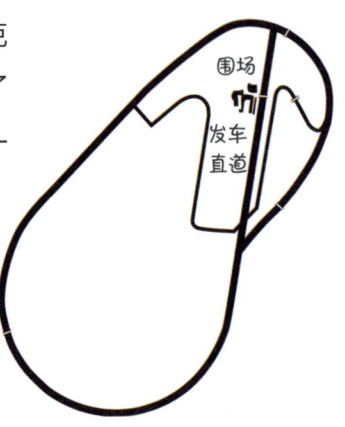

赛车和赛马，道理差不多！

> 布鲁克兰赛道由英国企业家休·洛克·金在 1905 年邀请英国皇家汽车俱乐部 (RAC) 时任主席霍尔顿上校设计，这是世界上第一条专业赛道。当时，英国严禁在公路上进行汽车比赛，且有严苛的道路限速规定，休·洛克·金认为英国汽车工业要发展起来，必须拥有一条不限速的汽车赛道。

如今围场作为赛车场设计中的标准配置，已经成为汽车运动和赛车场中的专用术语。还有许多发烧友会用"围场"代指汽车比赛领域呢。

今日围场新闻：著名F1冠军车离奇失误……

这块空地了不起！

看完了这些，你们有什么感想？

虽然适合日常娱乐的卡丁车场很多，但是如果有机会，我还是想上专业赛道上跑一跑……

那就穿好装备，试试看吧！

第6话 时间的轨迹：卡丁车赛道的科学演变

第 7 话

从小白到职业巅峰：卡丁车人的多元成长之路

随着我们一步步揭开卡丁车的奥秘，不知道此时的你们是否开始摩拳擦掌，想把这份热爱变成毕生事业？别急，你能选择的不止一条"赛道"：

你可以努力学习工程物理知识，去成为了不起的工程师；可以更深入地学习赛事规则，成为公正的赛事官员或裁判；可以端起摄像机，成为在快门声中定格冲刺瞬间的赛车摄影师；可以用金句点燃观众的热情，成为赛事的现场解说员；当然，你也可以成为卡丁车手，驰骋在赛道上，收获属于勇者的胜利喜悦……围绕卡丁车运动，每种人生可能都有趣而生动，每一个职业都值得被尊重。

这一话中，我们特别邀请来几位先行者，有人成为世界冠军后仍然不遗余力推广卡丁车运动，有人从卡丁车运动逐渐驶向F1领奖台。我们不仅要认识赛道上的英雄，更要看见那些在场边、在幕后、在镜头后默默耕耘的追梦人。

准备好在竞速世界中找到属于你的位置了吗？

今天，几乎没有一位赛车手不是从卡丁车手成长而来的。尤其在享誉世界的F1赛车比赛里，近年来的所有车手都无一例外地拥有卡丁车比赛的优异成绩。他们用自己的亲身经历证明了：卡丁车是F1车手的摇篮。

小甲，你知道这背后的原因吗？

让我想想……卡丁车比赛车慢，但驾驶原理相似，比赛车更适合新手入门。

算是一个原因。卡丁车的速度只有F1的三分之一到一半，看上去好像慢了很多，但是因为车身小、质量小，人也能够体验到超凡的速度感！继续说说看。给你一个提示：荷兰和比利时F1车手马克斯·维斯塔潘（Max Verstappen）在17岁零166天时就参加了第一场F1大奖赛，成为一名世界顶级汽车比赛的车手。

马克斯·维斯塔潘

1997年出生于比利时，是一名荷兰和比利时赛车手。他的父亲是荷兰前F1赛车手何塞·维斯塔潘，母亲是比利时前赛车手索菲·库姆彭。维斯塔潘17岁成为F1车手，18岁赢得西班牙大奖赛，是F1最年轻的大奖赛冠军。

真了不起！其他人还没能考到驾驶证，他已经开 F1 了！

你说得没错。根据国际汽车联合会规定，通常车手年满 18 岁才可以申请 F1 超级驾照，但也允许未满 18 岁、表现特别出色的年轻车手在 17 岁时申请超级驾照。

我终于可以当 F1 车手啦！

大部分新加入 F1 的车手都这么年轻……我好像明白了。

青少年和儿童虽然不能参与大名鼎鼎的 F1 比赛,但他们可以参与卡丁车运动,再通过方程式赛、房车赛等比赛逐渐进阶。这些车手在小时候通过练习卡丁车,为自己未来的赛车技术打下基础。

赛车小天才们都去开卡丁车吧!

当然,除了培养赛车人才,卡丁车还有很多优势,比如门槛较低,成本相对赛车更低廉,场地相对更多,操作简单、容易上手,等等。适合全年龄的特点让它具备了培育赛车手的显著优势。不少知名的F1车手在四五岁的时候就接触卡丁车了。

看来我很难成为一名F1车手啦。真可惜啊。

梦想还是可以有的。我们中国赛车的骄傲、F1第一位正式的中国车手周冠宇从8岁开始接触卡丁车运动,23岁签约阿尔法·罗密欧车队成为F1赛车手。只要努力,没有什么不可以。

周冠宇

1999年出生于中国上海,是一名中国赛车手。2020年成为首位夺得F2(国际汽联二级方程式锦标赛)亚军的中国车手,同年夺得F2职业生涯首个分站冠军。2022年成为F1正式车手。

放学后我就去卡丁车场!

虽然卡丁车运动的先驱们将卡丁车定义成一种"小型赛车",但让它成为通向顶级汽车运动的"必经之路",还经历了一段艰难的时期。这期间,伴随着卡丁车和卡丁车运动的升级换代。

简易卡丁车　　　现代专业卡丁车

真棒啊！参与卡丁车运动的人越多，技术更新也越快。

可以这么说，卡丁车的受众和技术之间形成了一种良性循环。

20世纪70年代，雅马哈（Yamaha）、布里格斯（Briggs）、斯特拉顿（Stratton）等许多制造商的逐渐加入，让卡丁车的技术得到了质的提升。例如，将原本安装在车身后的发动机放置在侧面，从而提高了驾驶的舒适度。

哈哈，我在这呢！

卡丁车从"玩具小车"变成专业赛车了。

不如说让娱乐车更娱乐,让专业车更专业。不过,你们有没有想过,F1在1950年就诞生了,卡丁车1956年才出现,凭什么说卡丁车是F1车手的摇篮呢?开始的时候一定有很多人不能接受将卡丁车作为赛车的入门课程。

我明白了,俗话说"货好也得会吆喝"。

当然,让专业汽车运动领域重塑对卡丁车的认知,既需要技术的扶持,也需要人们的推广。

F1领域的传奇式人物、三届世界冠军尼基·劳达(Niki Lauda)就是推广卡丁车的权威专业人士之一。这张照片就是他1977年在F1德国大奖赛时驾驶卡丁车的场景,后面推车的人是原F1掌门人物伯尼·埃克莱斯顿(Bernie Ecclestone)。

赛车电影《极速风流》拍的就是尼基·劳达和英国赛车手詹姆斯·亨特的故事。

1977年德国大奖赛上，劳达、埃克莱斯顿和一辆卡丁车

尼基·劳达

没错！劳达还曾经说过这样一段话："争取你的第一个头衔复杂而困难。从卡丁车到F1需要付出几年的努力，但后者相对更轻松，因为你已经拥有了经验。"

第 7 话 从小白到职业巅峰：卡丁车人的多元成长之路

> 气氛已经烘托到这里了,老师快讲讲那些从卡丁车运动中培养出来的 F1 车手吧,他们都有怎样的成长经历?

> 那就先讲讲我的偶像之一吧:被誉为"车神"的巴西 F1 赛车手埃尔顿·塞纳(Ayrton Senna)。

塞纳生于 1960 年,是一位巴西职业赛车手,被誉为"为赛车而生的天才"。塞纳在职业生涯中参加了 161 场大奖赛,获得了 65 次杆位、41 次冠军和 3 次世界冠军。1994 年,他在 F1 圣马力诺大奖赛上发生事故不幸去世。

杆位
(Pole Position)

此处指的是 F1 大奖赛杆位,即在 F1 比赛的排位赛中获得第一名,从而正赛时在 1 号发车位发车。杆位可以帮助车手在比赛开始时获得领先优势,掌控比赛节奏,甚至锁定胜局。

埃尔顿·塞纳

他的离去推动了汽车运动安全的巨大变革,也让我决定终身致力于赛道安全的研究和提升。

塞纳在4岁时就从他的企业家父亲那里获得了第一辆为他定制的简易卡丁车,并且很快展露出了驾驶卡丁车的天赋。

儿童时代的塞纳在驾驶卡丁车

13岁时,塞纳开始作为正式的卡丁车手参赛,次年就获得了第一个冠军。塞纳的卡丁车手生涯一直持续到1982年,1984年他开始在F1中亮相。塞纳曾经在电视采访中这样说过:"我开始参加卡丁车比赛。我喜欢卡丁车。这是世界上最令人叹为观止的运动。事实上,比起F1,我曾经最喜欢它。"

塞纳在卡丁车上

与塞纳的成长历程相似,"车王"迈克尔·舒马赫的赛车生涯也从 4 岁开始。你们了解舒马赫吗?

当然,他可是了不起的 F1 七冠王!

没错,舒马赫是中国车迷最熟悉的顶级车手之一!在 F1 刚刚进入中国的时候,他的精彩车技为汽车运动的历史贡献了许多经典瞬间。

  1969 年,舒马赫出生在一个普通的砌砖工家庭。4 岁那年,父亲利用当地专业卡丁车俱乐部淘汰的发动机,为他改装了一辆卡丁车,舒马赫从此显现出驾驶卡丁车的天赋。6 岁那年,舒马赫就获得了卡丁车俱乐部冠军。为了全力支持舒马赫更好地施展才华,父母决定加入卡丁车领域工作。父亲罗尔夫兼职当地一家卡丁车赛道上的车辆租赁业务,母亲伊丽莎白则去赛道的自助餐厅打工。舒马赫利用更多的练习机会不断锻炼本领,成长为一名出色的卡丁车手。

  1984 年,15 岁的舒马赫第一次参加德国青少年卡丁车锦标赛就获得了年度冠军,短短 2 年后,他就成为欧洲锦标赛的冠军,从此进阶到了方程式赛车的领域中。1991 年,舒马赫正式踏上了 F1 的征程。从 1994 年到 2004 年,他获得了 7 次 F1 年度冠军。在他退役前,最后一次获得分站冠军是在 2006 年的 F1 中国大奖赛上。

小舒马赫在卡丁车上

2006年F1中国大奖赛,舒马赫获得冠军

第7话 从小白到职业巅峰:卡丁车人的多元成长之路

原来"车王"舒马赫还有这么励志的成长经历。

如果没有卡丁车和努力为他创造条件的父母,像舒马赫这样的天才车手可能就被埋没了!
舒马赫曾经这样感慨:"我曾经坚信我会永远做一个卡丁车手,因为出于经济上的原因,我根本不可能想象我能进入F1。"

总之,在今天想要成为一名赛车手,练习卡丁车是最有效,也最可行的途径。它能够为赛车手提供基础高效的同步训练。拥有卡丁车的驾驶经验之后,车手就可以着手规划成长路线啦。

不说了老师,我现在急着呢。

 怎么了小甲?

让我小姨带妹妹去开卡丁车!她4岁了,再晚可就比不上舒马赫了!

piu

第 8 话
全面防护：卡丁车驾驶的"安全锦囊"

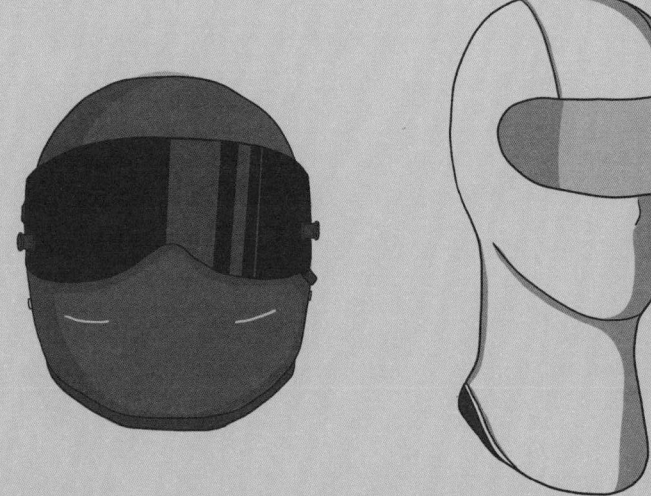

上一话中,我们通过领略赛车手的卡丁车成长之路,感受到了安全的重要性。这一话里,我们将化知识为盔甲,保护我们在享受卡丁车乐趣的同时免受伤害。从能承受巨大冲击力的头盔,到防火阻燃的赛车服,每件装备都是人类与死神博弈的智慧结晶,是无数先驱用血泪浇铸的精钢铠甲。现在,跟着小J老师完成这场安全检查吧,让科学成为你最坚固的守护盾。

请务必记住:真正的卡丁车勇士,可不会在安全装备上耍酷;关注安全,就是尊重生命本身!

小甲，你怎么唉声叹气的？

老师，虽然我最近的卡丁车成绩很不错……

恭喜你！功夫不负有心人啊。

但长辈们总是说卡丁车危险，让我不要再继续了，我该怎么说服他们呢？

拥有安全意识是参与卡丁车运动的前提。卡丁车毕竟是一项极限运动，如果安全防护不到位，的确存在危险性，家人的担心有一定的道理。不过，只要安全防护措施做得到位，卡丁车运动的安全性是很高的。

除了专业的赛道和车辆，我们需要多重"保险"来保护自己的安全，不妨和你的家人一起了解一下吧。

一、头颈护具篇

安全措施……我知道！开车必须戴头盔嘛。

的确,在高速的卡丁车运动中,头盔是最重要的安全装备之一,它可以在碰撞发生时保护车手头部免受车辆、碎片和赛道设施的直接伤害,同时也具备吸震的作用。专业的头盔还具备一定的防火功能。

国际汽车联合会(FIA)推荐车手使用经过国际汽车联合会卡丁车委员会(CIK-FIA)安全认证的头盔。

20 世纪 60 年代，露面头盔 + 护目镜成了方程式赛车手的标准搭配。

有了头盔和护目镜就安全多了！

20 世纪 70 年代，全盔头盔出现了。

到了 20 世纪 80 年代，全盔头盔已经在各大专业卡丁车比赛中得到普及。

的确，在高速的卡丁车运动中，头盔是最重要的安全装备之一，它可以在碰撞发生时保护车手头部免受车辆、碎片和赛道设施的直接伤害，同时也具备吸震的作用。专业的头盔还具备一定的防火功能。

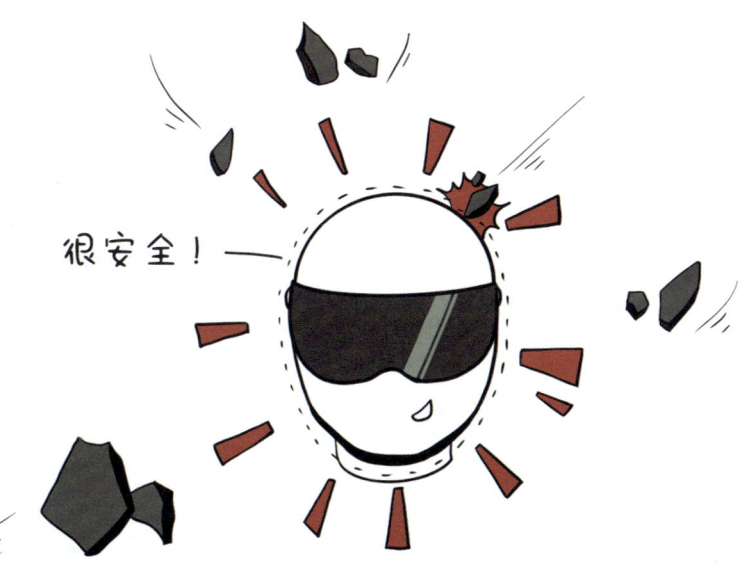

国际汽车联合会（FIA）推荐车手使用经过国际汽车联合会卡丁车委员会（CIK-FIA）安全认证的头盔。

赛车头盔有"全盔"和"半盔"的区别,你知道它们分别用在哪些比赛中吗?

全盔

半盔

卡丁车用第一种!至于第二种嘛……我就不太认识了。

没错。使用开放式座舱赛车的比赛,比如卡丁车、方程式赛车、摩托车等,一般使用全盔,因为需要阻挡行驶中飞溅的碎石、碎片;而使用封闭式座舱赛车的比赛,诸如拉力赛、房车赛等,也可使用半盔。

又安全又实用,真是面面俱到啊。

 早期的汽车比赛并没有使用头盔,头盔的发展也伴随着事故的惨痛教训和人们安全意识的提升。

早期的汽车比赛,由于汽车的速度还不高,所以还没有保护头部的做法。随着技术的日新月异,汽车速度不断提高,事故和危险引起人们对安全的关注。开放式座舱赛车的比赛中,经常飞沙走石、"头发跳舞",车手便开始使用护目镜和薄皮革无檐帽对头部和眼睛进行简单的保护。

头发不会乱飞啦!

20世纪60年代，露面头盔+护目镜成了方程式赛车手的标准搭配。

有了头盔和护目镜就安全多了！

20世纪70年代，全盔头盔出现了。

到了20世纪80年代，全盔头盔已经在各大专业卡丁车比赛中得到普及。

20 世纪 70 年代：五花八门的头盔

20 世纪 80 年代：清一色的全盔头盔

第 8 话　全面防护：卡丁车驾驶的"安全锦囊"

如今的头盔,已经练成了"金刚不坏之身",是车手们安全竞技的得力伙伴。

为了不辜负赛车前辈们的努力,也要好好戴头盔啊。

头盔的尺寸有这么多种,太紧的头盔戴起来不舒服,经常看到有人会选择更宽松的头盔,这样做有什么缺点吗?

头盔太紧或是太松都不合适。车手应当佩戴符合安全标准的卡丁车头盔。

  卡丁车的头盔分为很多不同尺寸,我们需要选择能够贴合头部、戴好后没有挤压,也没有松动的尺寸,这样才能提供足够的保护。

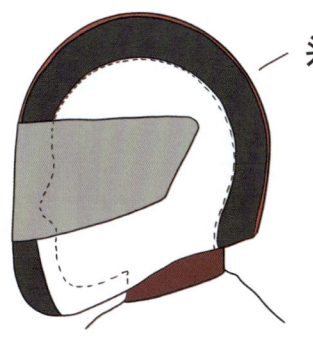

头 & 头盔严丝合缝。

卡丁车在驾驶过程中难免会有晃动和颠簸，在这个过程中，太宽松的头盔可能会因为移位而遮挡视线，甚至在碰撞后脱落，这些情况都是非常危险的。我们还要掌握正确佩戴头盔的方式，确保头盔不会在驾驶过程中滑动。

如果我在卡丁车场经常找不到合适的尺寸，需要买一顶自己的专用头盔吗？

哎，这个也不合适。

一般来说，一家设施齐全的卡丁车场配备的头盔可以满足大部分人的日常体验需求。如果你已经有比较丰富的卡丁车驾驶经验，未来也打算致力于长期练习卡丁车、获得更稳定的好成绩，建议你选择自己的专属头盔。

怪不得很多小车手就算在平时练习的时候也会戴着自己的头盔。

"工欲善其事，必先利其器。"一个专属头盔可以避免公用头盔的很多潜在问题，比如隐蔽位置的老化和磨损、内衬的变形、消毒清洁措施不到位造成的污染，等等。

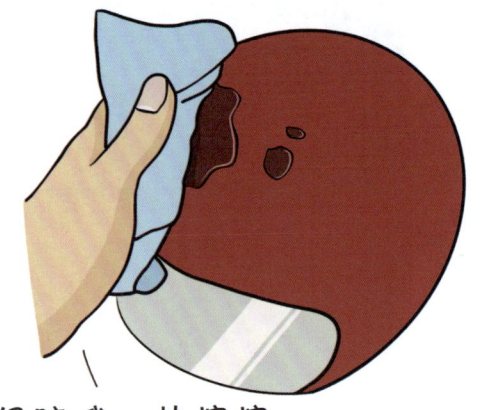

好脏哦，快擦擦。

挑选头盔时，考虑到正式比赛的严格要求，建议选用国际汽车联合会卡丁车委员会认证的专业卡丁车头盔，以便更好地保障使用者的安全。另外，由于儿童的颈椎、颈部肌肉发育不完全，国际汽车联合会卡丁车委员会还要求15岁以下儿童在正式比赛中使用CMR认证头盔，这种头盔能够更好地减轻重量，降低压力，保护颈部。

> **CMR 认证头盔**
>
> 2024年，国际汽车联合会（FIA）对卡丁车头盔标准进行了更新。截至2025年1月，赛事用卡丁车头盔以FIA 8859-2024标准为基准，15岁以下的青少年驾驶员使用的头盔还必须符合Snell-FIA CMR标准。

原来选一个好头盔还有这么多需要注意的啊！还要保护颈部是我没想到的。

 没错。同样的道理，建议车手尤其是儿童青少年，在驾驶卡丁车时佩戴卡丁车专用的颈部保护器。

让我找找颈部保护器……有这么多种吗？

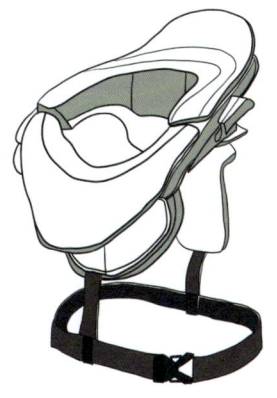
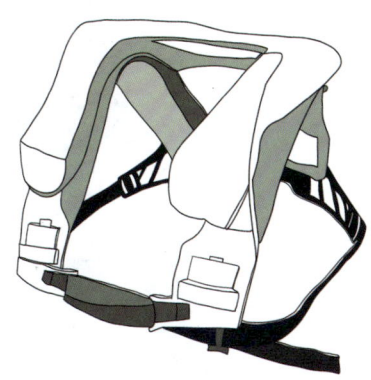

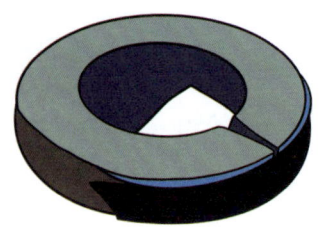 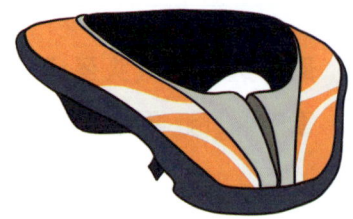

卡丁车的颈部保护器有许多种形式。挑选时,除了要满足专业卡丁车配件标准和选择正规品牌外,还需要遵循几个原则:第一,提供颈部的支撑;第二,佩戴舒适;第三,不要影响观察周边环境时的头部转动。

适合自己才行!

对了,我看到许多卡丁车手还会戴头套,那是做什么用的?

卡丁车头套也是卡丁车资深车手的"神器"之一。它通常采用防火材料制成。戴头盔之前戴上卡丁车专用头套,不仅能让穿脱头盔更轻松顺畅,还可以起到防燃烧、吸汗和防污的作用,清洁起来也比头盔更方便。别小看这个头套,它也有自己的故事呢。

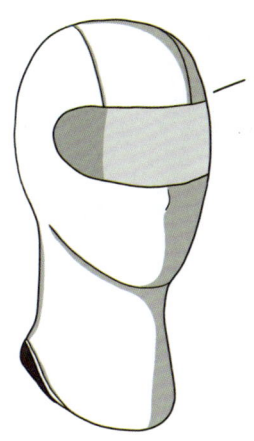

轻薄又透气!

1906 年在法国勒芒举办的世界第一次汽车大奖赛上，主办方修建赛道时采用了沥青路面，但当时的沥青路面技术还不成熟。在比赛中，随着赛道上温度升高，沥青融化后被车轮扬起，四处飞溅，许多车队便在第二天的比赛中使用了针线和布料缝制的面罩，以保护车手皮肤不被赛道上飞溅的沥青灼伤，其中也包括获得冠军的雷诺车队。全盔头盔出现后，从面罩演变而来的头套也向卫生和防火的方向发展了。

1906 年在法国勒芒举办的第一次世界汽车大奖赛

像个青铜面具……我还是选刚才那个。

少贫嘴啦……

　　小小的头套还有一个你意想不到的功能，那就是保护头发，甚至能因此保护生命。曾经有一个真实的案例：一名女生特别喜欢卡丁车，但那时她体验的娱乐卡丁车场没有戴头套的要求，女生长发飘飘去开卡丁车，头发不慎卷进车轮，造成了严重的后果……长发的参与者们，记得必须把头发装进头套！

二、服饰篇

老师，今天我要带表哥一起玩卡丁车啦。

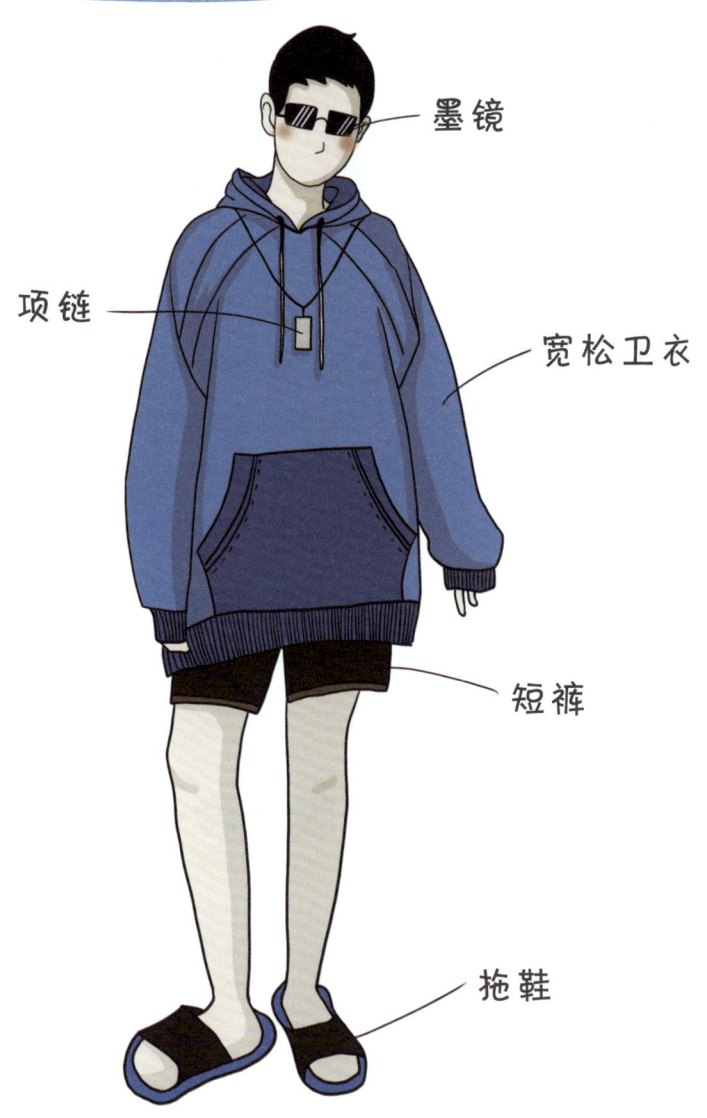

小J老师,您好!

欢迎来感受卡丁车的乐趣!不过,安全起见,这样的穿着可不能开卡丁车啊。

哎?不是穿着舒服就够了吗?

舒服只是一方面,但还远远不够。比如墨镜,如果驾驶卡丁车时需要佩戴眼镜,建议使用合适的运动眼镜或安全眼镜,不使用容易松动的普通眼镜或太阳镜,避免眼镜在高速驾驶时脱落。对了,记得戴好头盔后再戴眼镜哦。

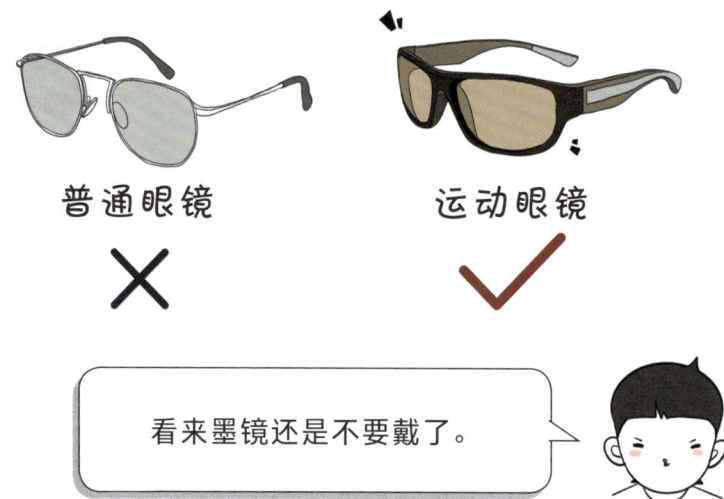

建议选择贴身的长袖上衣和长裤,避免服饰妨碍驾驶,减少皮肤的暴露以减少潜在的伤害。未来如果有长期训练和比赛的需求,也可以选择专业的卡丁车赛车服。

> 老师,他的拖鞋好像很容易掉,也不可以吧?

 > 一点没错。驾驶卡丁车,穿着一双适合驾驶的鞋子非常重要。

拖鞋不仅无法提供足够的支持和保护,更会因为暴露皮肤、容易掉落而造成安全隐患。推荐使用平底、薄底、窄边、鞋底不易变形且贴合脚型的运动鞋,以提供更好的踏板感觉和操控感。当然,如果追求安全舒适、更有操控性的体验,一双专业卡丁车赛车鞋是更好的选择。

高跟鞋　　　凉鞋/拖鞋　　　松糕鞋

薄底板鞋

专业卡丁车赛车鞋

明白了,安全起见,表哥你还是换套衣服吧。

我这就去!

三、其他护具篇

小甲,你最近一直在揉手腕,是受伤了吗?感觉不舒服要及时就医啊。

最近开完卡丁车容易手腕酸,手掌也有点疼,是不是该换手套了?

很有可能。

驾驶卡丁车对方向盘的操控有很高的要求,方向盘的震动、方向盘与手部的摩擦很容易造成双手疲劳和受伤,所以手套也是非常重要的护具。一副专业的卡丁车手套可以提供足够的摩擦力,减轻长时间抓握造成的手部疲劳,同时保护手部皮肤免受擦伤和磨损,保护手腕避免扭伤。

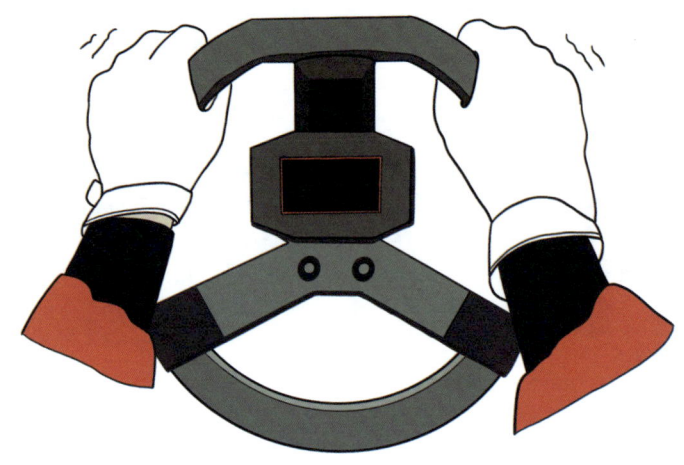

原来如此！我应该怎样挑选合适的手套呢？

首先，应该选择松紧适中、覆盖整个手腕的长款非露指手套，短款和无指手套都不能提供足够的保护作用；其次，手套应该具备防滑效果，建议选择手掌部位带有防滑橡胶层的款式；另外，手套缝合方式通常分为内缝线和外缝线两种，建议选用外缝线形式，缝线和布料边缘不会摩擦手指，让手套更加贴合手部。

建议青少年佩戴身体护具，比如卡丁车护肋。它的用处是保护两侧肋骨，避免在转弯时由于身体的晃动而产生磕碰。一旦发生碰撞时，护肋也可以在关键时刻避免肋骨受伤。

果然看上去就很专业！

原来卡丁车的专业护具有那么多！

是啊，卡丁车运动可以作为娱乐活动，同时也是一项专业的极限运动，所以在选用装备方面，首要原则是安全至上。除了选择专业头盔、合适的衣服和鞋子作为必要的防护之外，其他护具要听取专业指导，根据具体的使用需求配备，或是根据学习的深入度逐渐进阶。

不管学多久，安全意识不能丢啊。

说得好，你的进步很大啊，小甲。装备是卡丁车驾驶中的基本安全要求，绝不能忽视。

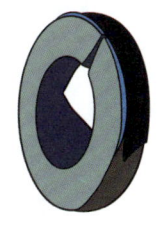

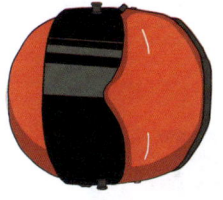

等级：0级（初体验）

装备：头盔、手套、护颈、护肋（可选）

第8话 全面防护：卡丁车驾驶的"安全锦囊"

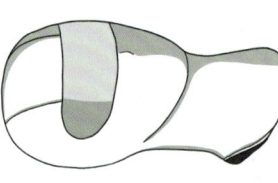

等级：1级（学习卡丁车一年）

装备：头盔、头套、手套、护颈、护肋

等级：5级（学习卡丁车五年）

装备：头盔、头套、手套、护颈、护肋、赛车服、赛车鞋

第8话 全面防护：卡丁车驾驶的"安全锦囊"

建议请教练员示范如何穿戴这些装备，了解它们的用途和重要性，更好地保证驾驶安全。只有在穿戴完整的安全装备的情况下，才能上赛道进行驾驶。

另外，在日常练习前，车手需要认真学习赛道规则，听从教练安排进行装备检查。在比赛开始之前，车手需要参加车队或赛道组织者的赛前会议，确保掌握具体的比赛规则和赛道要求。

> 我这就告诉长辈，卡丁车的安全有这么多讲究呢！等等，我表哥去哪儿了？表哥！

终章

展望卡丁车的未来

随着技术的进步和时代的变迁，卡丁车，这项起源于 20 世纪 50 年代的小众运动，正逐渐蜕变为极致速度的象征、体育精神的凝结，以及人类智慧与自然和谐共存的载体。从历史尘埃中驶出的卡丁车运动，经历了充满激情的奇遇，即将驶向更加精彩的未来旅程。

未来赛道上的传奇

想象一下，未来的卡丁车运动将在各种奇幻场景中展开：极光下的冰雪赛道，森林中的生态赛道，城市间的悬浮赛道，有生命的智能体赛道……打破想象的束缚，卡丁车运动将为人们带来奇妙的新体验。甚至可以想象，在低重力的月球表面或火星荒原上，也能见证卡丁车的飞驰。

人工智能与卡丁车的融合，或许将改变这项运动的面貌。未来的赛事融合虚拟现实技术，车队通过与远程车手的数字孪生，制定更为精确的比赛策略。在充满变数的赛场上，每一次决策都将决定胜负的走向，紧张而焦灼的比赛背后，是科技力量惊心动魄的竞逐。

清洁能源的无限可能

如今，电动卡丁车方兴未艾。在绿色科技主导的时代，清洁能源承载着人们对未来世界的畅想，也必定将带领卡丁车运动走向更光明的未来。无噪声、零排放的新能源卡丁车将出现在城市生活的任何休憩角落。

电动卡丁车也不再仅仅依靠电池，而是通过太阳能、风能等多种可再生能源驱动。每一辆车都是一座移动的科技堡垒，是人类前瞻智慧的高度集成，电动卡丁车的性能将超越现今的极限，让每一位车手和观众都领略到前所未有的操控性和速度感。

科技、人性与梦想的交汇

未来的卡丁车不仅是一种运动，更是一种全新的生活方式。卡丁车运动是一个开放包容的大家庭。无论你是何种背景、年龄、健康或伤残，卡丁车的世界都会为你敞开大门。在这个世界里，每一位车手都将成为自己的传奇。通过不断突破技术的边界，卡丁车运动将实现更高的速度、更强的性能，以及更深远的环保理念。电池将不再是限制，而是开启未来之门的钥匙。引擎的每一声轰响或嗡鸣，都是对人类梦想的一次致敬。

回顾卡丁车运动的发源,何其简单与质朴,作为"小型赛车"的它,承载着人们对竞技的热情,激励着一代又一代的冒险者去探索速度的极限,追逐代表了荣耀的未来之星。无论是专业车手还是初次上路的新人,在这个无限可能的世界里,都能找到属于自己的轨迹。卡丁车的未来,正如同我们对速度与科技的渴望一样,永不止步。